인공지능과 경쟁법

AI문고

인공지능 시대입니다. 기계가 인간의 인지를 대신하고, 사물이 인간을 통하지 않고 다른 사물과 직접 커뮤니케이션합니다. 이에 따른 인간 삶과 문명 변화를 정확히 이해·예측·대응하는 것은 이 시대 우리 모두의 과제입니다. AI문고는 인공지능 기술과 환경의 여러 주제를 10가지 키워드로 정리합니다. 관련 개념과 이론, 학계와 산업계의 쟁점, 우리 일상의 변화를 다룹니다. 인간과 기술의 현재, 미래를 세심히 분석합니다.

일러두기

- 인명, 작품명, 저서명, 개념어 등은 한글과 함께 괄호 안에 해당 국가의 원어를 병기했습니다.
- 외래어 표기는 현행 어문규정의 외래어표기법을 따랐습니다. 다만 '딥러닝', '딥마인드', '딥페이크' 등은 관행을 따랐습니다.

처음이세요?

전문가세요?

인공지능과 경쟁법

최승재

대한민국, 서울, 커뮤니케이션북스, 2025

인공지능과 경쟁법

지은이 최승재
펴낸이 박영률

초판 1쇄 펴낸날 2025년 3월 14일

커뮤니케이션북스(주)
출판 등록 2007년 8월 17일 제313-2007-000166호
02880 서울시 성북구 성북로 5-11
전화(02) 7474 001, 팩스(02) 736 5047
commbooks@commbooks.com
www.commbooks.com

ISBN 979-11-7307-638-1 03500

책값은 뒤표지에 표시되어 있습니다.

차례

인공지능이 경쟁법에 던지고 있는 과제들

인공지능은 경쟁법에 어떤 영향을 줄까?

인공지능(artificial intelligence)이 바꿀 시장에서의 경쟁 환경은 산업의 지형을 바꿀 것으로 생각된다. 인공지능 시대를 맞이해 급격한 기술의 발전과 사회 경제적 변동성이 커지고 있는 상황에서, 경쟁법은 인공지능을 적절히 통제해 시장 경제 질서를 유지 · 형성하는 최선봉에 있다. 아마존이나 페이스북, 마이크로소프트, 구글과 같은 빅 테크(Big Tech) 중심으로 선도되고 재편되고 있는, 인공지능의 발달이 시장의 경쟁에 미치는 독과점, 기업 결합, 담합 및 불공정 거래 이슈는 이후 시장에서의 경쟁 상황에 큰 영향을 줄 것이다. 이들에 대한 이해를 위해서 국내외 실례를 통해 살펴볼 필요가 있다. 인공지능 시대에 선구안을 가지기 위해서는 사례 연구가 필요하다.

경쟁법은 시장에서 공정한 경쟁을 하도록 하는 기본적인 룰을 제공한다. 그런데 인공지능의 등장으로 인해 사람의 행위를 중심으로 설계된 경쟁법은 새로운 도전을 맞이하게 될 것으로 보인다. 사람이 아닌 인공지능을 통해서 담합을 하면 사람이 아닌 인공지능의 행위에 대해서 현재의 경쟁법은 어떻게 대응해야 하나? 인공지능 간의 경쟁이 이루어질 경우 기업들이 데이터를 독점하고 독점된 데이터를 통해서 경쟁 우위를 점하고자 하는 경우 경쟁법은 어떻게 대응해야 하나? 기업 결합이나 기업 간의 네트워킹을 하는 행위 등 다양한 인공지능을 활용하는 경쟁법에 대한 도전이 있을 것으로 보인다. 이 책은 AI 시대 인공지능이 경쟁법에 주고 있는 다양한 도전에 대한 논의를 담고 있다.

인공지능은 사람이 의사를 결정하는 사업자나 사업자단체를 염두에 두고 제도를 설계했다. 그런데 인공지능의 발전으로 인해서 사람이 아닌 인공지능에 의한 의사결정이 가능해질 경우 경쟁법 전반에 미칠 영향과 현행 경쟁법이 할 수 있는 일, 입법적으로 대응해야 할 것은 무엇일까? 이 책은 이러한 문제들을 사례를 중심으로 예측하고 설명한다. 현행 「독점 규제 및 공정 거래에 관한 법률」(이하 '공정거래법'이라고 한다)은 이런 사안을 규율할 수 있을지 여부에 대해서 살펴볼 필요가 있다.

2024년 정부의 인공지능에 대한 정책

2024년 노벨상 수상자는 '인공지능'이다. 노벨 물리학상은 AI 머신 러닝의 기초를 확립한 존 홉필드 교수와 제프리 힌턴 교수에게 수여되었고, 노벨 화학상은 단백질 구조를 예측하는 AI 도구인 '알파폴드'를 개발한 데이비드 베이커 교수, 데미스 허사비스, 존 점퍼가 수상했다. 노벨 경제학상도 인공지능의 몫이었다. 2024년 노벨 경제학상은 MIT의 다론 아제모을루(Daron Acemoglu) 교수와 사이먼 존슨 교수, 시카고대학의 제임스 로빈슨 교수가 공동 수상했다. 제도가 경제 성장에 미치는 영향에 대한 다론 아제모을루 교수의 저서, 『국가는 왜 실패하는가(Why nations fail)』, 국가와 사회의 균형을 통해 자유와 번영을 달성하는 방법을 회랑에 비유한 『좁은 회랑(The narrow corridor)』 외에 그의 저서 『권력과 진보(Power and progress)』는 기술 발전이 경제와 사회에 미치는 영향을 분석하고 있다. 이 책에서 그는 인공지능(AI)이 경제에 미치는 영향을 제시하고 있다. 그는 AI가 경제적 불평등을 심화할 수 있다고 경고하고 있다.

2022년 대한민국 디지털 전략에 대한 관계 부처 합동 회의가 있었다. 2023년 1월 인공지능 일상화와 산업 고도화 방안에 대한 10대 핵심 프로젝트에 7129억 원을 투입하기로 했다. 당시 차세대 인공지능 원천 기술 개발을 위한 예산으로 2018억을 투입하고, 인공지능 반도 체기술 개발에 1조 2000억 원을 투입하기로 했다. 그러면서 공공 영역에서도 행정을 비롯해 입법 · 사법 영역에서의 인공지능 활용을 추진하기로 했다.

2020년 12월 대통령 직속 4차 산업 혁명 위원회는 과학 기술 정보 통신부와 정보 통신 정책 연구원이 마련한 '사람이 중심이 되는 「인공지능(AI) 윤리 기준」'을 심의 · 의결했다. 이에 따라 인권 보장, 프라이버시 보장 등 10가지의 세부적인 윤리 기준이 제시되었다. 3대 원칙으로, 인간 존엄성 원칙, 사회의 공공성 원칙, 기술의 합목적성 원칙이 제시되었다, 10대 요건으로 인권 보장, 프라이버시 보호, 다양성 존중, 침해 금지, 공공성, 연대성, 데이터 관리, 책임성, 안정성, 투명성 등이 제시되었다. 그리고 인공지능 윤리 정책 포럼도 논의되었다.

그리고 2023년 6월 23일 한 · 영 · 독 · 일 인공지능과 데이터 프라이버시 국제 컨퍼런스가 있었다. 사업자는 인공지능 모델 개발, 서비스 과정에서 정보 주체의 권리가 부당하게 침해되지 않도록 사전, 사후 조치해야 한다. 2023년 한국 법제 연구원 등의 국제 컨퍼런스에서 생성형 인공지능에 대한 문제도 논의된 바 있다. 인공지능 학습용 데이터 이슈가 저작권법에서 현안이 되고 있다.

인공지능이 미치는 산업적 영향은 윤리만으로 되지 않는 법의 문제다.

인공지능 기술과 같은 발전 도상에 있는 법률의 경우 이에 대한 규제가 과도하게 이루어지면 기술 발전이 저해될 수 있다. 그리고 기술 발전의 방향성이 없는 상태에서 특정한 방향으로 기술의 지향성을 가지게 되거나 혜택을 주게 되면 기술 중립성(technology neutrality)을 해치게 되어 오히려 수혜를 주어서 발전을 도모하려는 진흥 정책이 기술 발전을 저해할 수 있다. 그런데 우리나라에서는 새로운 기술이 나오면 여러 법률안들이 발의되곤 한다. 예를 들어 클라우드 컴퓨팅 기술이 쟁점이 되면 클라우드 컴퓨팅을 규율하는 법이 나오는 식이다.

그러나 이런 방식은 타당하지 않고 입법을 하려면 경쟁 영향 분석을 포함한 규제 영향 분석을 철저하게 해야 한다. 그리고 이를 위해 사전적으로 시장에서의 목소리를 잘 들어야 한다. 그러므로 우선적으로 자율 규제를 도모하는 것이 필요하다. 이런 점에서 인공지능 문제는 법적 규제 이전에 윤리적인 제어가 필요하다.

우리나라의 경우 시장에서의 자율적인 노력으로,

2018년 '지능 정보 사회 윤리 가이드 라인', '카카오 알고리즘 윤리 헌장'이 있었다. 독일의 경우 '자동화 및 네트워크화된 자동차에 대한 윤리 규범'(2017)이, 미국에서는 2017년 이후 '아실로마 인공지능 원칙(Asilomar AI Principles)' 등이, 일본의 경우 'JSAI 전문가를 위한 인공지능 가이드라인'이 2017년에 논의되는 등 지속적으로 논의가 이루어지고 있다.

이 중 '아실로마 인공지능 원칙'은 미국 '삶의 미래 연구소(Future of Life Institute)'가 주도하고 있다. 오작동이나 해킹 피해 없는 인공지능 개발, 인공지능과 인간이 공존하면서 위험을 통제하는 법과 제도 개선, 인공지능이 가질 가치관과 법적 · 윤리적 가치 개발 등이 원칙으로 논의되고 있다. 인공지능 윤리가 다루는 주제들은 다양하다. 해결이 시급한 현안으로는 인공지능 개발 윤리가 있다. 데미스 허사비스와 일론 머스크 등이 2017년에 발표한 아실로마 인공지능 원칙(Asilomar AI Principles) 같은 것이 대표적인 사례가 될 것이다.

인공지능 사업자들에 대한 경쟁법의 규율

그러나 인공지능이 바꾸게 될 산업적 변화가 시장에 미칠 영향의 문제는 윤리만으로 해결할 수 없다. 인공지능과 담합의 문제, 크게 경쟁법 적용의 문제는 향후 기술 발전의 정도 및 방향에 따라서 지속적으로 관찰해야 할 것이지만 기술적으로 지속적인 변화가 이루어지고 있다는 점에서 현재 단계에서 확정적으로 논하기 어렵다. 그러나 이 문제는 입법적으로 대응해야 할 문제라고 생각한다.

인공지능의 등장으로 경쟁법이 맞이하게 될 주요 문제에 대한 준비가 필요하다. 우리 정부의 개인 정보 보호 위원회는 인공지능 관련 이슈에 대응하기 위해 인공지능 서비스 제공자에 대한 안전 장치 제공과 규정 중심(rule-based)에서 원칙 중심(principle-based)으로 규제 패러다임 전환 및 인공지능의 리스크 기준으로 차등적인 규제 도입을 담은 세 가지 주요 정책 방향을 제시했다. 그런데 이들 방향성은 생각할 점이 있다. 규정 중심이 아닌 원칙 중심은 이미 회계 기준에서 경험했지만 시장에서의 전문성이 높아 스스로 대응할 수 있는 수준이 높지 않은 경우에는 매번 정부의 소관 부처에 문의하게 되어 오히려 규제를 강화할 우려가 있다. 좋은 말로 보이는 원칙 중심 규제를 신중하게 선택해야 하는 이유다. 독일은 개인 정보 보호 규제로 바이오 기업 해외 이전 문제가 있었고, 이 과정에서 규칙 중심 접근법(Rule based approach)에서 원칙 중심 접근법(Principle based approach)로 변경하는 것을 고민했다고 한다. 그리고 이 과정에서 사업자의 책임성이 강조되었다. 그런데 규칙 중심 접근법보다 오히려 원칙 중심 규제가 더 규제 난이도(規制難易度)가 높다는 점을 인식하고 채택해야 한다.

리스크를 기준으로 차등 규제를 한다고 하는데, 애초에 인공지능이 가져올 시장 영향과 리스크는 동태적으로 변화할 것으로 보이기 때문에 이에 대한 동태적 대응(dynamic regulation)이 없으면 리스크에 따른 차등 규제는 자칫 과도한 규제가 될 수 있다.

인간의 관여가 전혀 없는 상태에서 블랙박스인 인공지능을 사용한 결과를 가지고 현재의 경쟁법을 적용하는 경우에 인간의 행동을 전제로 사업자를 규율 대상으로 하는 것이 가능한지 여러 쟁점들이 있고 해석론으로 한계가 노정될 것으로 보인다.

딥페이크(deep fake) 악용 허위 영상에 대한 사회적 우려 방지 등 다양한 요구가 인공지능 기술 발전으로 등장하고 있다. 이런 논의들은 표시 광고에서 허위 광고로 활용될 수 있다. 그러므로 이 주제는 인공지능 개발 및 활용과 관련해, 공정거래법과 관련해서 불공정 거래 행위, 표시 광고법 위반 등과 관련해서 의미가 있다.

이미 다가온 미래와 경쟁법

우리는 지금 이 순간에도 이미 4차 산업 혁명의 가운데 서 있다. 미국 작가 윌리엄 깁슨(William Gibson)의 표현대로 "미래는 이미 와 있다. 단지 널리 퍼지지 않았을 뿐이다(The future is already here – it's just not evenly distributed)". 이미 우리는 '초(超)연결'과 '초(超)지능'으로 인해 기술 혁신의 속도는 급격하게 빨라진 시대에 살고 있다. 그러나 우리의 인지 체계는 현재까지 누적된 정보들을 통해 앞으로도 그러하리라고 생각한다. 우리는 어제와 다름없이 오늘을 살고, 내일도 그다지 다르지 않으리라 믿으면서, 그렇게 살아간다. 극단적으로 변화하고 있는 현상을 목도하면서도, 우리는 그것을 무시하고 살아왔던 대로의 삶을 살아가려 한다. 법률가의 시각에서 보면, 통상적으로 법제의 전개는 기술 발전을 선도하기보다는 이를 따라가는 것이다. 그러나 경쟁법의 첨단기술에 대한 대응은 너무 늦는 경우가 많다. 이를 서두르면 과잉 규제로 이어져 관련 분야의 발전을 오히려 저해하는 결과가 나타날 수 있다.

법은 그 자체로 존재 이유를 가지는 것이 아니라 사회 구성원들의 행동을 조율하고 사회적인 효율성을 증대하기 위해 존재하는 것이기 때문에, 이러한 사회의 변화를 제대로 인식하고 따라가지 못하면 퇴화한 장기처럼 기능을 상실한다. 그렇다면 현재의 우리가 해야 할 일은 계속 기술의 진보를 살펴보고, 전통적인 법이 집행할 수 있는 바는 첨단 기술이라고 해서 두려워하지 말고 집행해야 하며, 입법적인 불비(不備)가 발생할 가능성에 대한 연구를 지속하고, 혁신을 저해하지 않도록 해야 한다는 것이다.

참고문헌

강정희(2016), 빅데이터 기반의 디지털 경제와 경쟁법의 과제, ≪선진상사법률≫.

개인정보보호위원회(2023). 인공지능 규율방향 국제적 논의 본격 시작.
https://www.pipc.go.kr/np/cop/bbs/selectBoardArticle.do?bbsId=BS074&mCode=C020010000&nttId=8981#LINK

박성은(2021. 10. 5). 인공지능윤리, 그 잠재성의 중심, AI타임스
https://www.aitimes.com

인공지능 윤리 소통채널(2020). 인공지능 윤리기준.
https://ai.kisdi.re.kr/aieth/main/contents.do?menuNo=400029

최승재(2016), 『개인 정보』, 커뮤니케이션북스.

최승재(2024), 인공지능과 알고리즘 담합에 대한 새로운 시각. ≪경쟁저널≫.

01
인공지능 산업의 공급망 독과점

인공지능 산업은 여러 가지 요소들이 유기적으로 결합한 산업이다. 하드웨어와 소프트웨어, 인프라가 종합적으로 결합해야 경쟁력을 가지는 것이다. 산업적으로 특정 국가의 인공지능 산업이 발전하기 위해서는 효율적으로 공급망이 구성되어야 한다. 공급망이 전제되지 않으면 인공지능 산업 경쟁력은 처질 수밖에 없다.

AI와 1인 창업?

인공지능 산업의 공급망

인공지능 산업을 생각하면 가장 먼저 떠오르는 회사는 '엔비디아'다. 젠슨 황의 서명이 주가에 큰 영향을 주고 있다. 그리고 이 칩을 생산하는 타이완 TSMC의 파운드리 기술은 관련 산업에 큰 영향을 미치고 있다. 클라우드 컴퓨팅을 주도하고 있는 아마존, 구글, 마이크로소프트도 핵심 플레이어다. 그런데 이런 요소들은 많은 비용이 소요되고 대규모 투자가 필요해 공급망 전반에 걸친 독과점 이슈가 발생할 수 있어 이에 대해서 검토할 필요가 있다. 경쟁 정책을 논의하기 위해서는 먼저 이 산업의 공급망(supply chain)을 이해해야 한다. 특히 요즘과 같이 미국과 중국 간에 공급망을 둘러싼 각종 정책이 지속적으로 나오고 세계 무역 기구를 중심으로 한 자유 무역 질서가 쇠퇴하고 무역에서의 블록화가 진행되는 상황에서는 이런 공급망 쟁점을 고려하지 않고 경쟁 정책을 수립하는 것은 불가능하다고 본다.

인공지능 산업의 공급망은 복잡하고 다양한 요소로 구성되어 있다. 첫째 인공지능 산업의 공급망은 하드웨어의 경우, AI 칩, GPU, TPU 등 AI 연산에 특화된 반도체가 중요하다. 2030년경에는 탄소 중립 인공지능 칩 생산이 글로벌 표준이 될 것이라는 예상도 있다는 점도 염두에 두어야 한다. 인공지능 산업과 관련해 우리나라의 경우 SK 하이닉스가 HBM(High Bandwidth Memory)을 생산해 이 영역에 지분을 가지고 있다. 메모리 반도체 분야의 강자인 삼성전자도 있다는 점에서 하드웨어 분야는 우리가 강점이 있는 분야다.

다음으로 소프트웨어 분야가 있다. 이 분야에는 머신러닝 프레임워크, 알고리즘, 개발 도구 등이 포함된다. 세 번째로 학습용 데이터가 필요하다. 인공지능 학습을 위해서는 학습에 필요한 대규모 데이터 세트와 데이터 처리 기술이 요구된다. 이와 관련해서 우리 정부도 '데이터 기본법'을 비롯해 '부정 경쟁 방지법'상의 한정 제공 데이터 규율 등 여러 가지 데이터 관련 법제를 정비한 바 있다. '개인 정보 보호법'을 포함한 각종 정보 관련 이슈들은 이 분야에서의 발전을 위한 중요한 제도적 기초다.

그리고 관련 인력이 필요하다. 전 세계적으로 인공지능 연구 인력은 부족한 상황으로 이해된다. 우리나라의 대학이나 연구소들도 우수한 연구 인력을 모으려고 노력하고 있지만 다른 국가에 비해서 부족한 상황이다. 인공지능 연구자와 엔지니어, 데이터 과학자(data scientist) 등 전문 인력의 중요성은 다른 분야와 같다. 대학의 경쟁력 제고와 산학 협력을 위한 각종 방안이 제시되어야 할 분야다. 이 분야에서 정부가 다양한 노력을 하고 있으나 인력 양성에는 시간이 걸리므로 양성만으로는 한계가 있다.

그리고 다섯 번째로 가장 중요한 요소 중 하나가 인공지능 인프라스트럭처다. 인공지능 산업에서 가장 중요한 것 중 하나가 전력이다. 그리고 전력을 제공받아야 하는 이유는 거대한 서버 팜(server farm)을 운용해야 하기 때문이다. 서버 팜은 엄청난 전력을 요구한다. 그리고 기술적으로 발열(發熱) 문제를 해결하기 위한 다양한 노력이 경주되고 있다. 서버 팜을 구성하기 위해 엔비디아의 칩이 필요하다. 이는 ASML의 노광기가 필요한 반도체 산업과 같은 문제라고 할 수 있다. 이런 기반 시설의 정비는 정부 차원에서 이루어질 필요가 있다. 경부 고속도로를 통해서 우리나라의 연관 산업을 일으켜 '한강의 기적'을 만들었던 것과 같은 시각에서 이를 바라볼 필요가 있다.

AI 공급망의 특징

인공지능 공급망은 몇 가지 특징이 있다. 첫째는 글로벌 네트워크를 가지고 있다는 것이다. 인공지능 산업은 전 세계적으로 연결된 공급망을 가지고 있다. 그 결과 국가

간의 국제 협력과 경쟁이 동시에 일어나고 있다. 그 대표적인 사례가 반도체다.

크리스 밀러는 『반도체 전쟁(Chip War)』이라는 책에서 미국은 다른 국가와의 경쟁에서 반도체를 기초로 해서 싸우고 있다고 설명한다. 이는 매우 적확한 분석이다. 무기 경쟁을 예로 들어 보자. 러시아의 기체는 기계적으로 미국의 기체들과 대등한 경쟁을 해 왔다고 알려져 있다. 미그와 수호이사는 미국의 보잉이나 록히드 마틴과 같은 기업들과 지속적으로 경쟁 기체를 생산했다. 그런데 항전 장비와 관련한 반도체의 능력 차이가 결국 현재 러시아의 수호이 35나 수호이 57 팍파와 같은 기체들이 미국의 F-22 랩터나 F-35에 대비해 열위에 놓이게 만든 원인이 된다는 것이다.

미국이 IRA(Inflation Reduction Act)를 통해서 반도체를 미국 내에서 생산하려고 지속적으로 노력하고 있는 것은 결국 산업 경쟁력의 핵심이 반도체에 있다는 것을 잘 보여 주는 것이다. 인공지능과 관련한 칩 전쟁은 현재 진행형이다.

다음으로 인공지능 공급망의 특징의 하나로 볼 수 있는 것이 빠른 기술 혁신이다. 인공지능 기술은 빠르게 발전하고 있다. 그리고 이를 뒷받침하는 공급망도 지속적으로 변화하고 있다. 알파고에 머물러 있던 우리에게 인공지능의 새로운 모습을 보여 준 오픈AI(open AI)의 챗지피티도 지속적으로 업데이트되고 있다. 그리고 우리의 일상에 놀라울 속도로 스며들고 있다. 이에 대해서는 필자의 다른 저서인 『인공지능의 역사』를 살펴보기 바란다.

데이터가 중요하다는 점도 특징이다. 대규모 데이터의 수집, 처리, 분석이 인공지능 공급망의 핵심이다. 중국의 인공지능 기술 수준이 높다는 점은 특허 출원 건수에서도 확인된다. 이와 같은 인공지능 기술 발전에 특히 데이터 확보의 용이성이 기여하지 않았을까 하는 의견이 있다.

인공지능 산업에는 많은 비용이 소요되므로 특정한 기업이 단독으로 수행하기 어렵다. 그러므로 경쟁법의 시각에서는 이런 공동 행위를 어떻게 보아야 할 것인지의 문제가 있다. 인공지능 기술은 투입해야 하는 자원의 규모와 양을 볼 때 어느 하나의 기업이 모든 분야를 다 커버할 수 없다. 엔비디아의 칩만으로 해결되는 것이 아니고, 전력 산업의 뒷받침이 없이는 서버 팜을 구성하는 것도 어렵다. 이런 점에서 자신의 강점을 극대화하면서 최고의 팀을 꾸려서 다가오는 차세대 인공지능의 시대를 대비하는 것이 중요하다. 경쟁의 지각(地殼)의 판이 바뀔 때 이와 같은 좋은 팀을 만드는 것은 경쟁에서의 승리를 위한 핵심 열쇠다.

인공지능 산업의 발전을 위해서는 인프라를 구축하는 것이 중요하다. 예를 들어 인공지능은 에너지 소비가 크다. 그러므로 에너지 효율적인 기술 개발이 중요하다. 이런 점에서 소형 모듈형 원자로(Small Molecular Reactor)와 같은 기술을 개발해 많은 전력을 저렴한 비용으로 공급하는 방안을 강구할 필요가 있다.

인공지능 산업을 발전시키기 위해서는 공급망 관리가 중요하다.

인공지능의 경쟁력을 높이기 위해서는 운영 비용 절감이 중요하다. 인공지능을 활용한 공급망 관리로 비효율성을 식별하고 운영 비용을 절감해야 한다. 인공지능은 향후 국가 간의 경쟁력을 좌우하는 기반 기술이 될 것이고, 향후 경쟁 전략의 핵심이 될 것이다. 기업 차원에서 보면 공급망 효율성을 높이기 위해서 수요 예측, 재고 관리, 물류 최적화 등에 인공지능이 활용될 것이다. 우리 기업들은 ESG(Environment, Social, Governance)에 대한 요구를 받고 있고 종래에 회계적으로 숫자로 보여 주는 정보들 외에 비재무적인 정보들을 공시하도록 하는 지속 가능성 공시를 요구받고 있다. 이런 상황에서 인공지능 기술은 환경 친화적이고 지속 가능한 공급망을 구축하기 위한 기반 기술로 기능할 수 있다.

인공지능 개발자에 대한 규율

인공지능을 사용해 학습을 시키거나 알고리즘을 짜는 과정에서 개발자 윤리의 하나로 경쟁법을 위반하지 않도록 하는 것이 필요하다. 인공지능 개발자들은 안전하고 안정성을 검증할 수 있고, 손상 발생 시 이유를 규명할 수 있어야 하며, 인공지능이 사법적 의사 결정에 사용되면 설명할 수 있어야 한다. 그리고 인공지능 개발자는 그 사용 및 오용에 대한 책임을 부담하도록 해야 한다. 또한 이상적으로는 인공지능은 인류 공동의 이익과 번영을 위해 사용되어야 한다. 이러한 규율은 경쟁법의 관점에서 인공지능에 대한 중요한 함의를 법적으로 가진다.

우리 산업은 인공지능에 의한 이런 변혁기에 어떤 준비를 하고 있는지가 궁금하던 차에 SK의 2024년 AI 서밋(Summit)에 참석할 기회가 있었다. 코엑스의 현장에는 SK 그룹의 각종 인공지능을 구현하고 있는 AI 솔루션을 볼 수 있었다. 각론으로 인공지능 산업 발전을 위해서 필요한 인프라스트럭처로서의 하드웨어와 전력 문제, 인공지능의 미래에 대한 전문가들의 키노트, 인력 양성 문제, 정부의 산업 지원에 대한 논의들이 있었다. 하지만 숲을 보고 싶었던 내게 정말 중요한 것은 SK 그룹이 가지고 있는 산업적인 방향성이었다. 이는 키노트들을 통해서 확인할 수 있었다. 차세대 AI를 구현하기 위한 SK의 접근법은 '세계 최고들과의 협력'이었다. AI 메모리를 만드는 SK 하이닉스와 국내 최고의 통신 기업인 SK 텔레콤이 있는 SK 그룹의 행사다. 최태원 회장의 키노트에 이어, 오픈AI의 '그렉 브로크만', 마이크로소프트의 '라니 보카르' 등의 연사들이 전하는 내용을 보며, SK 그룹이 이들과 연대해 컬래버레이션하는 것을 중요하게 본다는 점을 느낄 수 있었다.

인공지능 인프라스트럭처

정부가 해야 할 일에 대해서도 언급하고 싶다. 레이 커즈와일(Ray Kurzweil)은 이제 범용 인공지능의 시대가 더 가까이 왔다(『The Singularity is Nearer』, 2024)고 말하고 있다. 범용 인공지능이 언제 오는가가 쟁점이 아니라 이제 국가 경쟁력의 핵심이 인공지능 경쟁력이 되고 있다는 점을 우리는 반드시 인식해야 한다.

우리 정부는 2022년 신규 8대 분야 학습용 데이터 구축·개방(2805억 원), 딥러닝, 신뢰성 부족 등 AI 한계를 극복하는 차세대 AI(2655억 원), 공공·산업 난제 해결을 위한 AI 개발(445억 원), 신경망 처리 장치(NPU)·프로세싱 인 메모리(PIM)·첨단 패키징 지원(668억 원) 등을 추진하기로 한 바 있다. 여기에 더 포함해야 할 것이 전력이나 하드웨어와 같은 인프라스트럭처의 구축이다. 인프라 문제에서 국가 관점에서의 자원 집중은 정말 중요한 테마다. 제한된 자원을 가진 우리나라가 미래 생존을 하면서 국가 경쟁력을 유지하기 위해 우리는 이미 앞서가고 있는 미국을 위시한 선두 주자들과 경쟁하면서 동시에 협력해야 한다.

이를 위해서는 국가 인재들을 양성하기 위한 노력에서 '선택과 집중'이 이루어져야 한다. 인프라의 구축도 자동차가 없는 나라에 경부 고속 도로를 건설했던 선각자들의 절실한 마음으로 해야 한다. 지금 인공지능은 '사치재'가 아니라 '필수재'다. 그런데 인프라 구축에서 가장 중요한 키워드는 '선택과 집중'이다. 우리는 패셔너블한 단어들, 예를 들어 4차 산업 혁명, ESG 등의 단어들을 소개하면 폭발적인 관심을 보이지만 정작 이를 정책화하는 세부적인 디테일에서 약한 모습을 보여 왔던 것이 아닌가 한다. 인공지능의 경우에는 이런 우를 반복해서는 안 된다. '선택과 집중'을 통해서 제한된 자원을 사용해야 한다.

우리는 네이버, 카카오와 같은 회사가 있고 대용량 데이터를 병렬 처리해 본 경험과 기술이 있고, 삼성전자와 SK 하이닉스 같은 반도체 회사들이 있다. 그리고 이를 뒷받침할 수 있는 인력들을 양성할 기반이 있다. 물론 대학 등록금 동결이 장기화하면서 대학의 약체화가 진행되고 있어 인력 문제는 심각할 수 있겠지만, 아직 늦었다고 생각하지는 않는다. 분산해 자원을 낭비하지 말고 선택과 집중을 통해서 국가의 자원을 효과적으로 사용해야 한다.

에너지 인프라 구축에 더욱 신경을 써야 한다. 우리는 현재 전력을 생산하고 배전하는 것에서 여러 난제들이 있다. 일관되게 원자력을 확보하는 것의 중요성은 독일의 에너지 위기가 우리에게 주는 교훈이다. 러시아의 저렴한 가스에 의존하다가 러시아와 우크라이나 간의 전쟁으로 인해서 독일 산업은 위기를 겪고 있다. 무역에서의 대중 의존과 에너지에서의 대러 의존은 독일 경제를 근본부터 흔들고 있다. 미국의 경우 석유와 천연가스의 생산량과 소비량은 모두 1위이고 원자력 발전도 1위다(히라타 다케오, 169쪽). 반면 우리는 전력에서 충분한 인프라가 구축되어 있는지 챙겨 보아야 한다.

참고문헌

김준혁(2023.1.26). 과기정통부, 데이터 생태계 확보 위한 'AI일상화'에 7100억원 투입. 파이낸셜뉴스.

목광수(2020). 인공지능 개발자 윤리. ≪철학논총≫, 102(4).

히라타 다케오(2024). 『세계 에너지 전쟁 지도』. 지식노마드.

Chris Miller(2022). *Chip war: The fight for the world's most critical technology*. Simon & Schuster Ltd.

02
인공지능과 빅 테크 플랫폼 규제와 약탈적 기업 인수

플랫폼에 대한 규제는 경쟁법에서 중요한 과제다. 전통적인 시장 획정 이론부터 소비자 후생 이론에 기반한 경제 이론들은 플랫폼 앞에서 그 효용을 의심받고 있다. 플랫폼 기업들은 이제 빅 테크로서 인공지능 시대에서도 선두에 있다. 그들은 지속적으로 관련 산업을 선도하면서 시장 지배적 지위를 유지하려고 하고 있다. 이에 대해서 우리나라의 경쟁 당국은 어떤 입장을 취해야 하나? 유럽의 인공지능 규제를 참고할 것인가, 아니면 미국을 따를 것인가? 우리의 방향이 중요하다.

AI와 MBTI?

빅테크들의 플랫폼 장악

AI 관련 사실상 모든 주요 기술 회사와 임원은 기관과 전문 네트워크를 통해 연결되어 스타트업 인큐베이터, 공동 연구 프로젝트(구글, 페이스북, 아마존 및 마이크로소프트를 포함하는 AI 관련 파트너십 등), 기업 이사회 및 사회적 관계를 형성하고 있다. 예를 들어 '오픈AI'의 경우 마이크로소프트가 대주주로 참여하고 있고 지속적으로 투자를 하고 있다. 제프리 힌턴은 구글에 재직한 사실이 있고, "Attention is all you need"는 구글의 엔지니어들이 주요 저자로 참여한 논문이다. 페이스북은 지속적으로 메타버스 생태계를 구축하고 플랫폼으로 기능하기 위해서 노력하고 있다. 제프리 베이조스의 아마존과 일론 머스크의 테슬라도 이들과 경쟁을 하면서 한편으로 협력하고 있다. 빅 테크들이 장악한 플랫폼에서의 경쟁과 플랫폼 간의 경쟁에서 인공지능은 경쟁을 위한 핵심 역량(core competence)으로 기능할 것으로 보인다.

인공지능과 플랫폼 규제

플랫폼은 경쟁법이 규율하는 사업자와 시장에 대한 규율과 구별되는 대상이다. 플랫폼은 시장이면서 동시에 기업(사업자)이다. 이런 점에서 특징이 있다. 플랫폼에 대한 규제는 종래 경쟁법이 전통적으로 규율 대상으로 삼던 기업들과 비교해 여러 가지 차이가 있다. 대표적인 것이 시장 획정의 문제다. 이 문제에 대해서 노벨 경제학상 수상자인 장 티롤(Jean Tirole)은 다면 시장 이론을 주창했다. 이런 이론적인 전개는 경쟁법 실무에도 채택되었다. 우리나라에서도 네이버 사건에서 적용되었다.

아마존, 리나 칸

미국의 바이든 정부는 리나 칸(Lina M. Khan)이라는 젊은 경제학자를 우리의 공정거래위원회에 해당하는 연방거래 위원회 위원장으로 발탁했다. 그런데 칸은 아마존이라는 플랫폼에 대한 규제를 주제로 하는 학위 논문을 작성해서 이름을 얻은 연구자였다. 리나 칸의 학위 논문은 "아마존의 반독점 패러독스(Amazon's Antitrust Paradox)"다. 그녀는 전통적인 소비자 후생 중심의 경쟁정책은 디지털 시대에 적합한 새로운 반독점 규제에 적합한 접근 방식이 되지 못한다고 보았다. 이 논문은 2017년 예일 법학 저널에 발표되었으며, 칸은 이 연구로 예일대 로스쿨 최우수 논문상을 수상했다. 한마디로 소비자 후생 관점의 규제로는 아마존을 규율할 수 없다는 것이다. 그녀는 이 논문에서, 아마존의 지배적 위치에 대해 언급한다. 아마존은 단순한 소매 업체를 넘어 마케팅 플랫폼, 물류 네트워크, 결제 서비스 등 다양한 역할을 수행하고 있다. 이로 인해 아마존은 전자 상거래의 중심이 되었으며, 그 구조와 행동은 반경쟁적 요소를 내포하고 있다. 그러나 전통적인 시카고학파식의 규제는 아마존의 반경쟁적 행위에 대한 규율로 기능하지 못하다는 것이다. 왜냐하면 주류적인 현재의 경쟁 정책이 단기적인 가격 효과에만 초점을 맞추고 있으며, 이는 아마존과 같은 플랫폼 기업의 시장 지배력을 제대로 이해하지 못하게 만들기 때문이다. 소비자 가격이 낮더라도 기업의 시장 지배력이 강화되면 장기적으로는 경쟁이 저해될 수 있음에도 이를 규율 대상으로 하지 않는다는 것이 그녀의 비판이다.

리나 칸은 시카고학파가 문제가 되기 어렵다고 보고 있는 '약탈적 가격 책정(predatory pricing)'에 대해서도 언급한다. 그녀는 플랫폼 시장에서 약탈적 가격 책정과 비즈니스 라인 간의 통합이 반경쟁적 위험을 초래할 수 있다고 보고 있다. 칸은 아마존을 규율하기 위해서는 전통적인 독점 금지 및 경쟁 정책 원칙을 복원하거나 공공사업자의 의무를 적용하는 등의 제도적 조정이 필요하다고 본다. 기존의 소비자 후생 중심 접근 방식의 한계를 제시했지만 구체적으로 어떤 대안이 있는지는 여전히 명확하지 않다.

시카고학파 대 하버드학파

우리가 경쟁법 하면 떠올리게 되는 것이 시카고학파다. 이들은 소비자 후생(consumer welfare)이라는 단어로 현대 경쟁법에 큰 영향을 미쳤다. 대표적으로 1953년 미국 경쟁법 개혁(Antitrust Project)을 진행하면서 이후 리초드 포스너에 의해 개화하게 되는 법 경제학 운동(Law and Economics Movement)을 이끌었던 아론 디렉터(Aaron Director)가 이 소비자 후생 중심의 경쟁법 논의에 중요한 역할을 했다.

SCP(The Structure-Conduct-Performance) 접근법은 1930년대 이후 1970년대까지 주류적인 경쟁법에서의 분석틀이었다. 이는 하버드학파가 제시한 것으로 경쟁법에서 구조, 행동, 성과를 중심으로 해서 행위를 분석했다. 칸의 주장은 역사적으로 보면, 하버드학파의 재림이라고 생각된다. 시장 구조가 기업 행동에 인과적 영향을 미치고, 이는 다시 시장 성과에 영향을 준다는 이 생각은 산업 전반의 데이터와 시장 구조 지표에 대한 실증적 분석에 중점을 준다. 그리고 완전 경쟁 시장이 아닌 실행 가능한 경쟁(workable competition)을 촉진하는 것을 목표로 한다. 하바드학파의 구조주의는 친경쟁적 조건을 조성하기 위해 시장 구조에 개입하는 것을 강조한다. 이를 위해서 시장 성과 개선을 위한 진입 장벽을 낮추려고 노력한다. 그런데 이런 접근법은 1970~1980년대에 경제적 효율성을 강조한 시카고학파에 의해 도전받았고, 결국 주류의 자리를 잃은 것으로 평가된다. 그럼에도 SCP 패러다임의 요소들은 여전히 현대 경쟁 정책에 영향을 미치고 있으며, 특히 기업 합병 분석에서 중요하다.

사서 묻어 버려라

빅 테크의 온라인 플랫폼 대응 전략인 "buy and bury" 전략으로 상징되는 인수 합병(M&A) 전략을 통해 기업을 키우고 경쟁자를 억제하는 수단으로 기업 결합이 활용되면서 각국 경쟁 당국은 거대 플랫폼 기업 결합을 제한하기 위해 기업 결합 지침을 개정하기에 이른다. AI 시대를 맞이하면서 빅 테크 기업의 기업 결합 전략과 각국 경쟁 당국의 대응 방안을 검토해 본다.

페이스북[Facebook, 현재 메타(Meta) 플랫폼스]의 왓츠앱(WhatsApp) 기업 결합 사례가 대표적이다. 이 사례에서 '사서 묻어 버리는 전략'이 문제가 되었다. 이 전략은 대규모 기술 기업들이 경쟁을 억제하기 위해 사용하는 것으로 보인다. 이 전략은 페이스북이 인스타그램과 왓츠앱 같은 회사를 인수한 사례에서 두드러지게 나타났다. 이 전략은 경쟁자를 구매해 위협 요소를 제거하거나, 시장에서의 생존 가능성을 저해해 경쟁을 방지하는 것을 포함한다. 여기에는 신생 기업을 인수한 후 그들의 운영이나 혁신을 제한하는 관행이 포함될 수 있다. 페이스북이 왓츠앱의 고객 정보를 고스란히 가져가게 되는데, 기업 결합 심사 시 고객 정보, 프라이버시 등 비가격적 요소를 어떻게 평가할 것인지, 또한 정보가 곧 돈이 되는 지금, 전통적인 방식으로 회사의 매출액 및 자산 규모 등으로만 평가하는 것이 합당한 것인지 등이 문제가 된 바 있다.

미국 연방 거래 위원회의 입장

미국 연방 거래 위원회(FTC)는 페이스북이 신기술과 효과적으로 경쟁하지 못한 후 이 전략을 사용했다고 주장하고 있다. FTC 관계자들에 따르면, 페이스북의 행동은 혁신을 억제하고 개인 소셜 네트워킹 시장에서 독점적 위치를 유지하기 위한 것이다.

한 연구에 따르면, 주요 기술 기업들이 진행한 인수의 75% 이상이 창립자와 핵심 직원에 대한 비경쟁 조항을 포함하고 있어, 대형 테크 기업들은 새로운 경쟁 회사를 시작하는 것을 제한하고 있다. 종래 FTC의 집행 조치는 디지털 플랫폼시장에 대한 경쟁 제한성에 중점을 두었지만 이제 FTC는 대형 회사가 스타트업, 특허 포트폴리오 및 전체 기술팀을 인수하는 데 막대한 자원을 투자한 정도와 그들이 우리의 범위 밖에서 그렇게 할 수 있었던 방법을 포착하는 인수 전략의 체계적 성격을 보아야 한다고 리나 칸 위원장은 강조한 바 있다.

FTC는 페이스북에 대한 소장(Complaint)에서 이 회사가 어떻게 지배적인 시장 위치를 이용해 경쟁자를 매장했는지를 상세히 설명했다. 페이스북이 경쟁자를 사서 매장하는 전략을 통해 소비자 선택을 제한하고 서비스 품질을 저하시켰다는 것이 FTC의 판단이다.

사서 묻어 버리는 전략은 시장 역학에 중대한 영향을 미친다. 이 전략은 경쟁을 줄일 수 있으며, 그 결과 가격 상승, 서비스 품질 저하 및 시장에서의 새로운 진입자 감소로 이어질 수 있다. 지배적인 기업들이 권력을 집중하고 새로운 진입자를 제한하기 때문이다.

FTC와 같은 규제 기관의 감시는 대형 기술 기업들의

권력과 공정한 경쟁에 미치는 영향에 대한 우려가 커지고 있음을 보여 준다. 진행 중인 법적 분쟁은 기술 산업 내 인수 합병에 대한 향후 정책의 단초가 될 것으로 보인다. 결론적으로, 사서 묻어 버리는 전략은 대규모 기술 기업들이 재정적 자원을 활용해 성장할 뿐만 아니라 경쟁을 억제하는 방법을 보여 주며, 시장의 공정성과 소비자 후생에 대한 중요한 질문을 제기한다.

참고문헌

복홍석 · 최승재(2024). 게임 플랫폼에서의 시장확정에 대한 연구 – EPIC v. Apple 사건을 중심으로. ≪법경제학연구≫ 21(2), 129–152쪽.

최승재(2008). 양면시장이론(兩面市場理論)과 한국(韓國) 경쟁법상(競爭法上) 역할(役割)에 대한 연구(硏究) – 구글의 더블클릭 인수 사건을 포함하여 – . ≪경쟁법연구≫, 17, 225–265쪽.

moonshot(2021.9.16). 'Buy-or-bury' the competition: Study shows how big tech does it.

03
알고리즘 담합

알고리즘은 인간이 업무를 반복적으로 수행하기 위해 정해 놓은 일련의 업무 흐름이다. 이를 자동적으로 수행하도록 하면 컴퓨터 프로그램이 된다. 이런 알고리즘은 다양한 분야에서 활용되고 있다. 예를 들어 금융의 경우 주식을 사고파는 것과 같은 거래를 인간의 휴먼 에러 없이 그리고 신속하게 수행하도록 하기 위해서 특정한 조건을 주고 수행하게 하기도 한다. 이런 알고리즘은 경쟁법에서도 반경쟁적으로 활용될 수 있다.

AI와 난임 극복?

알고리즘

알고리즘(Algorithm)은 일정한 업무 프로세서를 반복하기 위해 정한 단계다. 알고리즘은 아라비아어에서 유래한 단어로, 어원은 9세기 페르시아의 수학자 무함마드 알콰리즈미(Muhammad ibn Musa al-Khwarizmi)의 이름에서 유래했다. 알콰리즈미의 이름을 라틴어로 번역하면서 알고리스무스(Algorismus)라는 용어가 만들어졌다. 중세 라틴어 용어인 알고리즘은 원래 아라비아 숫자를 사용하는 체계를 이용한 수학적 계산 방법을 의미했지만, 20세기 중반부터 현대적 의미인 문제 해결을 위한 단계별 절차의 의미가 되었다.

어떤 문제를 해결하기 위해 명확히 정의된 유한한 수의 규칙과 절차의 모임을 의미하는 '알고리즘'은, 인간의 의사 결정 프로세스를 모방한 컴퓨터의 의사 결정 프로세스라고 정의할 수 있을 것이다. '알고리즘'은 명확히 정의된 한정된 개수의 규제나 명령의 집합이며, 한정된 규칙을 적용함으로써 문제를 해결하는 것이다. 이 용어 자체는 1957년 이전의 웹스터(webster) 사전에는 수록되어 있지 않다. 아라비아 숫자를 사용해 연산을 행하는 수순을 의미한다. 알고리즘은 부여된 문자가 수학적인지 비수학적인지, 또한 사람의 손으로 문제를 해결할 것인지, 컴퓨터로 해결할 것인지에 관계없이 적용된다. 특히, 컴퓨터로 문제를 해결하는 경우에는 알고리즘을 형식적으로 표현하는 것이 프로그램을 작성하는 데 중요한 요소가 된다. 이 알고리즘의 좋고 나쁨에 따라 같은 결과를 구하는 처리에서도 시간이나 조작성에 큰 차이가 날 수가 있다. 알고리즘은 ① 입력: 외부에서 제공되는 자료가 있을 수 있다. ② 출력: 적어도 한 가지 결과가 생긴다. ③ 명백성: 각 명령들은 명백해야 한다. ④ 유한성: 알고리즘의 명령대로 수행하면 한정된 단계를 처리한 후에 종료된다. ⑤ 효과성: 모든 명령들은 명백하고 실행 가능한 것이어야 한다.

구글(Google)이나 네이버의 검색 중립성에 대한 논란이 있었을 때에도 바로 이 알고리즘이 문제가 되었다. '검색 중립성'은 검색 엔진이 검색 서비스를 제공하면서 결과의 왜곡 없이 공정한 기준에 따라 검색 결과를 제공해야 한다는 주장이다. 이러한 논쟁은 인터넷의 확산과 웹 2.0 시대가 도래하면서 과거에 비해 웹상에서 정보의 양이 엄청나게 증가한 데서 비롯한다. 매일 수십 테라바이트의 정보가 웹상에서 생산되는 인터넷 환경에서 구글이나 네이버와 같은 검색 사이트의 역할이 점차 커지면서, 이들이 제공하는 검색 알고리즘 역시 그만큼 중요해지고 있다(정광재 · 송용택, 59쪽). 그런데 인터넷 검색 쿼리(search query)를 어떻게 처리할 것인지는 각 검색 엔진이 가지고 있는 알고리즘에 의해 처리된다.

알고리즘 담합

'알고리즘 담합'이라고 불리는 것도 이러한 문제 중 하나다. OECD 보고서(2017)에서는, 알고리즘은 데이터가 중심이 되는 경제 환경에서 효율성 증대에 매우 중요한 요소가 된다고 한다. 만일, 빅 데이터를 사람들이 처리한다고 생각하면, 그 처리 속도는 데이터 증가 속도를 따라갈 수 없고 빅 데이터 자체가 무의미해진다. 빅 데이터가 가치를 지니는 것은 신속한 데이터 처리에 있기 때문이다. 이세돌 9단과 바둑 대국을 하고 있는 알파고가 지금까지 인류가 보존하고 있는 모든 기보(棋譜)를 보유하고 있다 하더라도, 이를 바둑에서 허용된 시간 내에 처리할 수 없다면 무슨 의미가 있을지 생각해 보면 쉽게 이해할 수 있다. 공급 측면에서 살펴보면, 알고리즘은 투명성을 높이고 기존에 존재하는 제품을 개선하거나 신제품을 생산할 수 있는 파괴적 혁신(Disruptive Innovation)을 가능하게 한다는 것이 OECD의 연구 결과다. 수요 측면에서도 알고리즘은 가격이나 품질과 같은 정보들에 대해 효율적으로 접근할 수 있도록 한다(OECD, 2017, 14쪽).

그런데 문제는, 이처럼 급속하게 증가하는 데이터의 크기에 대응해 이를 처리하는 컴퓨터 기반 알고리즘에 의한 처리가 시장에 제공하는 긍정적인 부분에도 불구하고, 만일 이 알고리즘을 사용하는 사업자들이 자신들의 이익을 극대화하면서도 사회적 후생을 해칠 수 있는 방식으로 알고리즘을 개발 · 운용한다면, 그리고 이를 통해 경쟁 제한적 효과를 발생시키고 혁신 유인을 저해하는 결과를 낳는다면 어떻게 할 것이냐는 점이다(OECD, 2017, 18쪽). 알고리즘을 통해 할 수 있다고 의심받는 것 중 하나가 바로 알고리즘을 통한 공동 행위(담합)다.

원래 의미의 공동 행위(담합)는 사람들(복수의 주체)이 담합을 하는 것이다. 사람들의 의사 결정을 통해 의사의 합치(meeting of the minds)를 이루는 것이 담합의 본질적인 행위 양식이다. 그 모습은 계약일 수도 있고 결의일 수도 있다. 그런데 의사 결정을 알고리즘이 대신하고 그 알고리즘의 의사 결정이 합의와 같은 결과를 도출한다면, 이것을 담합이라고 할 수 있을까? 여기에서는 우선 사람이 직접적 주체로 들어가지 않았다. 따라서 전통적 의미의 공동 행위가 없다는 것인데, 주체의 복수성이 없기 때문이다. 명시적 합의가 있다면, 알고리즘을 사용했다는 것만으로 그 명시적 담합을 정당화할 수는 없을 것이다.

문제는 알고리즘을 이용한 묵시적 담합(Tacit collusion)의 경우다(Ivaldi, et. al., 2003). 묵시적 합의 및 동조적 행위 등의 개념과 관련 판결 분석에 대한 사건에서, 서울 고등 법원은, "사업자들 사이의 합의 외에 정보 교환 행위와 같은 '동조적 행위(concerted practice)' 자체를 담합 행위의 일종으로 규제하는 외국의 법제와는 달리, 우리나라 공정거래법에서 부당한 공동 행위가 성립하기 위해서는 사업자가 다른 사업자와 가격에 관한 정보를 서로 교환한 것만으로는 부족하고, 나아가 다른 사업자와 공동으로 가격 결정 등 행위를 할 것을 합의해야 한다. 물론 이러한 합의는 암묵적 요해 정도로도 충분하다 할 것이나, 적어도 사업자들 사이에 가격 결정 등 행위를 '공동으로 한다'는 점에 관해 의사의 일치는 있어야 하는 것이다"(서울 고등 법원 2013. 7. 17. 선고 2012누2346 판결)라고 해서 동조적 행위를 공정거래법 제19조의 공동 행위와는 구별되는 행위로 이해하고 있는 것으로 보인다.

묵시적 담합은 당사자들이 서로 간의 상호 의존성을 인식하고 명시적인 의사 합치를 하지 않지만, 투명한 시장 환경으로 인해 서로 공동의 이해를 발생시키는 경우를 말한다. 즉, 투명한 시장, 소수의 시장 참여자, 균질적인 상품의 존재가 묵시적 공동 행위가 발생할 수 있는 바탕이 된다(OECD, 2017, 7쪽). 그러나 이를 단정적으로 담합으로 볼 것인가 하는 점은 국가마다 서로 다른 입장을 취하고 있으며, 일반적으로 의식적 병행 행위(conscious parallelism)를 규제 대상이 되는 공동 행위로는 보지 않는다.

OECD 보고서에서는 담합을 조장하는 역할을 하는 알고리즘을 네 가지로 나누어 설명하고 있다. 알고리즘을 담합의 관점에서 보면 모니터링 알고리즘(monitoring algorithms), 병행 알고리즘(parallel algorithms), 신호 알고리즘(signalling algorithms), 자기 학습 알고리즘(self-learning algorithms)으로 나눌 수 있다(OECD, 2017, 26-32쪽).

순서대로 그 개념을 살펴보면, 모니터링 알고리즘은 담합 가격을 설정하고 경쟁 기업들로부터 가격 정보를 수집해, 이를 벗어난 경우에는 가격 경쟁을 하도록 알고리즘을 설계하는 경우다(OECD, 2017, 26쪽). 병행 알고리즘은 가격 알고리즘(Pricing Algorithm)을 공유하거나, 제3자의 동일한 알고리즘을 사용해 한 기업이 담합 가격을 설정하면 시장 내 모든 기업이 이를 따르도록 알고리즘을 설계해 담합 가격의 수정을 쉽게 하는 것이다(OECD, 2017, 28쪽). 신호 알고리즘은 명시적 담합이 어려운 비균질 시장에서 경쟁사 간 가격 인상 신호를 교환해 담합을 시도하는 알고리즘이다[OECD, 29; US v. Airline Tariff Publishing Co. 1994-2 Trade Cas(CCH)].

자기 학습 알고리즘은 인간의 개입 없이 시장의 가격 관련 데이터를 지속적으로 학습(딥러닝이나 머신 러닝)해, 이에 따라 가격 책정을 함으로써 담합의 효과를 발생시키는 알고리즘을 말한다(OECD, 2017, 31쪽).

이 중 하나인 모니터링 알고리즘의 경우를 도해한 그림을 살펴보면, 이 알고리즘을 사용하는 사업자(기업)는 계속 가격 정보를 수집하고 있다가, 특정한 기업이 암묵적으로 설정되어 있는 가격을 벗어나 낮은 가격을 책정하면, 바로 이에 보복하기 위한 가격 인하에 돌입하는 알고리즘을 택하고 있음을 볼 수 있다. 예를 들어, 모든 주유소의 가격 정보를 수집해 판매 가격을 알 수 있게 하는 경우, 대부분의 주유소들이 휘발유를 리터(ℓ)당 1700원으로 판매하는 상황에서, 특정 주유소가 휘발유를 리터당 1500원으로 판매하고 있음을 알게 된다. 여기에서 리터당 1450원으로 휘발유를 판매하도록 알고리즘이 설계되어 있으면, 이 모니터링 알고리즘의 기능을 통해 일제히 판매 가격이 내려가게 된다. 이전에 데이터를 수집할 수 없을 경우에는 숨겨진 저가(低價) 주유소가 있을 수 있었지만, 오히려 가격이 공개되고 이를 쉽게 수집·비교할 수 있게 되면서 이러한 모니터링 알고리즘의 작동을 통해 보복이 용이하게 되었고, 이는 담합의 안정성을 높여 주게 된다.

알고리즘 담합, 인공지능 그리고 경쟁법

공정거래법이 사건이라는 이름으로 알고리즘을 보게 된 첫 유형의 하나는 '검색 알고리즘'이다. '검색 중립성(search neutrality)'이라는 관점에서도 접근된 이 주제는 불공정 거래 행위의 시각에서도 공동 행위의 시각에서도 쟁점이 있다. 인터넷 검색 쿼리(search query)를 어떻게 처리할 것인지는 각 검색 엔진이 가지고 있는 알고리즘에 달려 있다. 국내에서는 알고리즘 관련 불공정 거래 행위의 사례로 구글이나 네이버의 검색 중립성에 대한 알고리즘 논란이 있었다. 검색 중립성(serach neutrality)이란, 검색 순위를 인위적으로 조작하는 검색 편향에 대비되는 개념으로, 검색 편향을 통해서 플랫폼 사업자는 검색 순위를 조작해 차별적으로 경쟁자를 배제하거나 시장에서의 경쟁을 제한할 수 있다.

쿼리를 처리할 때 검색 엔진이 돈을 받은 광고 사이트를 우선적으로 보여 주면서도, 이를 구별하지 않아 광고로 인식하지 못하도록 하거나 혼동을 야기하는 행위도 이러한 문제의 하나로 볼 수 있다. 이미 발생한 사건으로 네이버와 다음에 대한 동의 의결 사건(공정거래위원회, 2014)이 있다. 공정위는 2013년 5월 네이버 등 주요 인터넷 검색 서비스 사업자에 대한 공정거래법 위반 혐의를 조사하고, 네이버의 신청을 받아들여 2014년 3월 최종 동의 의결 결정을 했다. 네이버 · 다음 사건의 동의 의결 내용을 살펴보면 ① 자사 유료 서비스 제공과 관련해 서비스 명칭에 회사명을 표시하고, '자사 서비스'라는 안내 문구를 명확하게 표시하고 경쟁 사업자의 외부 링크를 오른쪽 위에 상시 노출하도록 했다(자사와 타사 서비스의 구분) ② 키워드 광고의 경우에도 광고와 검색의 구별이 불명확한 점을 명확하게 구분할 수 있도록 하기 위해 광고 영역에 '관련된 광고'라는 문구를 상시 표시하도록 하고, 광고 노출 기준에 관한 안내문을 제시하고, 광고 영역에 음영 처리를 하도록 했다(광고와 검색 결과의 구분). 그리고 이관 제한 정책에 대해서도 ③ 이관 제한 정책을 시스템 정비 등을 위해 1년 유예한 뒤에 폐지하기로 했다. ④ 네이버는 네트워크 광고 우선 협상권 조항을 이용 계약에서 즉시 삭제하기로 했으며, 계열사 인력 파견과 관련해 파견 상태를 해소하거나 인력 지원 계약을 체결하기로 했다. 이 중에서 ① 내지 ③은 네이버와 다음에 공통되는 동의 의결 사항이고, ④는 네이버에만 해당하는 동의 의결 사항이다.

참고문헌

공정거래위원회 전원 회의 2014. 5. 8. 자 사건번호 2014서감0594, 0595, 0596 등.

이시다 모리테루 · 미야자키 슈이치(2024), 『그림으로 이해하는 알고리즘』. 길벗.

정광재 · 송용택(2014), 『모바일 인터넷 이용자 및 이용 패턴 특성과 인터넷 중립성』, 정보통신정책연구원.

정재훈(2014). 부당한 공동행위 규제에 있어 묵시적 합의: 정보교환과 동조적 행위(concerted practice)에 관한 최근 판례를 중심으로. ≪경쟁과 법≫, 2, 120-133쪽.

한서희(2013). 동조적 행위로서 정보교환과 독점규제법상 합의: 서울고등법원 2013. 7. 17 선고 2012누2346 판결을 중심으로. ≪경쟁법연구≫ 28, 61-84쪽.

Ivaldi, M., et. al.(2003). The economics of tacit collusion. Final report for DG competition, European commission. https://www.bateswhite.com/assets/htmldocuments/media.730.pdf

OECD(2017). Algorithms and Collusion-Competition Policy in the Digital Age).

http://www.oecd.org/daf/competition/Algorithms-and-co
llusion-competition-policy-in-the-digital-age.pdf.

04
알고리즘 담합의 유형

알고리즘은 분류자에 따라서 여러 가지로 분류할 수 있다. 실제로 모니터링 알고리즘과 같은 기능을 중심으로 해서 분류하기도 하고 가격 결정 알고리즘과 같이 역할을 중심으로 해서 분류하기도 한다. 이런 알고리즘 담합과 인공지능을 이용한 담합은 인공지능을 정의하는 방식에 따라서 서로 구별된다. 그런데 OECD의 분류 등에서 보는 것과 같이 묶어서 보기도 한다. 향후 인공지능 기술의 발전에 따라서 알고리즘 담합의 유형 분류도 변화할 것으로 생각한다.

AI와 사주?

시장에서의 알고리즘 활용

사업자들에게 매우 중요한 의사 결정의 하나가 자신이 생산하는 제품의 가격을 얼마로 할 것인지, 또는 서비스의 가격을 얼마로 정할 것인가의 문제다. 경쟁 전략을 수립할 때 가격 정책의 결정은 가장 중요한 사항 중 하나다. 명품 브랜드의 경우 오히려 가격을 낮추면 소비자들의 수요가 감소할 수 있다. 이는 사치재 내지 베블런재가 가지는 특성이다. 반면 가격 경쟁력이 가장 중요한 제품들의 경우에는 경쟁사의 가격을 보고 움직여야 한다.

알고리즘에 기반해 정보 교환, 가격 조정 및 모니터링 등의 과정을 사람의 직접적 개입 없이 수행하게 된다. 증권 시장에서 '로보어드바이저(robo-advisor)'를 활용하는 것은 특정 종목의 주문이나 주문 가격에서 휴먼 바이어스를 줄일 수 있다는 장점이 있다. 이는 이익을 극대화하고 속도가 빠르다는 등의 이점을 기업들에게 제공한다. 그러나 대형 전자 상거래 기업들이 알고리즘을 통해 가격을 조정하게 되면서, 자동으로 가격이 일치하는 담합이 일어날 우려가 있다. 앞으로도 전통적인 알고리즘의 활용은 물론 인공지능을 활용한 이와 같은 의사 결정은 더 증가할 것이다.

알고리즘은 다양한 방법으로 사용되고 있다.

AI 알고리즘을 활용한 디지털 카르텔은 담합 과정에서의 정보 교환, 가격 조정, 가격 모니터링 등의 과정을 사람의 직접적 개입 없이 수행해 담합의 발생 위험과 지속성을 높이는 역할을 하는 디지털 알고리즘의 연혁, 유형 및 법적 쟁점을 살펴본다.

경쟁사들이 동일한 알고리즘을 이용해 정보 교환, 가격 조정, 가격 모니터링 등의 합의 과정을 인간의 개입 없이도 수행하는 것이 가능하다. 그런데 알고리즘을 작성하는 것이 인간이고 알고리즘은 인간이 일의 프로세스를 정하고 그 일을 하는 과정에서의 요소들에 대해서 가중치를 주는 등의 행위를 하는 것이라는 점에서 알고리즘은 인간의 의도가 반영된 결과물이라고 할 것이다. 인공지능도 다양한 단계나 기술적인 수준이나 방식이 있다. 인공지능 알고리즘이 학습을 통해 스스로 판단하고 이러한 과정을 거쳐 담합할 수 있다.

한편 미칼 갤(Michal Gal)과 데니얼 루빈펠트(Daniel Rubinfeld)는 알고리즘은 경쟁법 적용을 배제하는 수단이 될 수 없다고 한다. 그들은 사람이 행했을 때 금지되는 행위는 알고리즘이 행해도 금지되어야 한다고 주장한다. 알고리즘의 이면에는 이를 고안하고 기획하고 프로그래밍한 사람이 있다. 다만 알고리즘 관련 사건을 고려할 때 알고리즘의 공급자만을 고려할 것이 아니라 생태계 전체를 고려해야 한다.

이와는 달리 알고리즘 담합의 문제는 현행 경쟁법으로도 해결 가능한 쟁점이다. 미국 법무부 반독점국(Antitrust Division)의 라이언 탠지(Ryan Tansey)는 알고리즘은 담합을 하는 수단의 하나일 뿐이고, 알고리즘이 담합에 대한 집행을 강화할 수도 있다고 한다. 알고리즘의 존재가 경쟁법 집행을 배제할 수는 없으며, 사람이 행했을 때 위법한 행위는 알고리즘이 행해도 위법하다는 것이 그의 주장이다.

그리고 알고리즘의 위법성 판단에서는 소스 코드(source code)를 통해서 프로그래머의 의도를 파악할 수 있다고 본다. 필자가 알고리즘을 이용한 금융사의 고빈도 거래(high frequency trading) 사건에 관여해 본 경험에 따르면, 소스 코드를 영업 비밀이라며 제출하기를 거부하면 이를 확인할 수 없는 식으로 운용을 하게 되면 알고리즘에 대한 규제는 한계에 봉착할 수밖에 없다. 이에 대한 규제 방식을 고려해야 한다.

알고리즘을 통한 공동 행위

알고리즘을 통한 공동 행위, 즉 담합이란 복수의 사업자나 사업자 단체의 의사 결정을 통해 의사의 합치(meeting of the minds)를 이루는 것이 담합의 본질적인 행위 양식이다. 명시적 담합은 사람이 직접적 주체로 들어가지 않아 주체의 복수성이 없기 때문에, 명시적 합의가 있다면 알고리즘을 사용했다는 것만으로 명시적 담합을 정당화할 수 없다.

그러나 알고리즘을 이용한 묵시적 담합(Tacit collusion)은 당사자들이 상호 의존성을 인식하고 명시적인 의사 합치를 요구하지 않지만, 투명한 시장 환경으로 인해 공동의 이해를 발생시키는 경우를 말한다.

경쟁법에서는 알고리즘이라는 용어와 인공지능이라는 용어를 서로 혼용해서 사용하는 것으로 보인다. 그러나 알고리즘은 인공지능과는 구별된다. 용어의 문제에서 알고리즘과 인공지능은 서로 겹치는 부분이 있을 수 있지만 구별되는 개념이라고 하면 이에 대해 의문을 제시하기도 한다. 만일 양자가 경쟁법적으로 구별할 필요가 없는 개념이라면 이런 구별을 하지 않아도 되겠지만 전자는 인간이 사전에 정한 프로그래밍된 알고리즘이 의사 결정을 하는 것임에 반해 후자는 기술 발전으로 점차 인간의 관여에서 벗어나고 있다. 알고리즘은 인간 프로그래머가 정한 워크 플로(work flow)에 따라서 결과물을 내놓게 된다. 이와 같은 점에서 인간이 해서 경쟁법 위반이 된다면 알고리즘이 해도 경쟁법 위반이 되는 것으로 보아야 한다.

참고문헌

브라이언 크리스천 · 톰 그리피스(2018). 『알고리즘, 인생을 계산하다』. 청림출판.

최승재(2015.4.16). [2014년 분야별 중요 판례 분석] (10) IT법. ≪법률신문≫. https://www.lawtimes.co.kr/Legal-News/Legal-News-View?serial=92493

최승재(2018). 4차 산업혁명과 경쟁법의 역할 알고리즘 담합을 중심으로. ≪경쟁저널≫, 16, 35-43쪽

최승재(2024). 『인공지능의 역사』. 커뮤니케이션북스.

Cadwalladr, C. O.(2016.12.4). Google, democracy and the truth about internet search. *Guardian.*

Gal, Michal and Rubinfeld, Daniel L.(2023). Algorithms, AI and mergers. *Antitrust Law Journal.* NYU Law and Economics Research Paper No. 23-36. https://ssrn.com/abstract=4469586

Gibbs, S.(2016.12.5). Google alters search autocomplete to remove 'are Jews evil' suggestion, *Guardian.*

OECD(2017). Algorithms and Collusion-Competition Policy in the Digital Age).

http://www.oecd.org/daf/competition/Algorithms-and-collusion-competition-policy-in-the-digital-age.pdf.

OECD(2021). Business and finance outlook 2021: AI in business and finance, competition and AI.

Ryan Tansey, et. al.(2024). Algorithms and competition: Friends or foes?
https://www.oecd-events.org/competition-open-day-2024/session/3b5e2a3d-9b53-ee11-9937-000d3a4cc0c5/panel-3-algorithms-and-competition-friends-or-foes-

05
인공지능과 알고리즘 담합의 진화

인공지능을 활용한 의사 결정과 부당한 공동 행위의 규율에 대해 논의하는 것은 인공지능 기술 발전에 따라서 그리 멀지 않은 쟁점이 될 것이다. 현재 공정거래위원회에서 쟁점이 되고 있는 사건들은 알고리즘을 활용한 것들이지만 향후 인공지능이 주된 사건의 쟁점이 될 것이라고 본다.

AI와 아이돌?

인공지능을 이용한 담합

인공지능 기술의 발전으로 동일한 알고리즘을 사용하지 않아도 경쟁사의 가격을 거울처럼 반영하고 머신 러닝 알고리즘은 시장에서 다른 경쟁사의 대응 최선의 반응을 예측해 결정할 수 있게 코딩이 가능하도록 진화하면서 발생할 수 있는 문제를 검토한다. 과거 알고리즘 담합에서 인공지능 담합으로 진화하면서 우리는 경쟁법의 시각에서 어떤 과제를 추가로 가지게 되었을까?

인공지능, 빅 데이터(big data), 사물 인터넷(IoT, Internet of the Things) 등 기술 혁신이 지속적으로 이루어지고 있다. 인공지능 기술은 원래 머신 러닝 기술로, 이미 1959년 '아서 새뮤얼(Arthur Samuel)'이 처음으로 이 개념을 조어(造語)한 이래 지속적으로 연구되었으나, 빅 데이터가 모이게 됨으로써 본격적으로 발전하기 시작했다. 집합의 개념으로 살펴보면 인공지능이 가장 큰 개념이고, 머신 러닝의 하위 개념이 딥러닝이다.

우리나라에는 이세돌 9단과 알파고(AlphaGo)의 바둑 대결로 유명세를 타게 되었지만, 인공지능 기술은 갑자기 우리 세상에 튀어나온 기술이 아니라 여러 연구자들의 연구가 집약되고 다른 기술과의 결합을 통해 발전해 왔다. 경쟁법이 관심을 가지는 것은 이러한 기술 혁신이 시장에 등장하게 되면서부터다. 예를 들어, 인공지능의 경우에도 이를 이용한 금융 투자 자문 서비스인 로보어드바이저와 같은 기술이나 인공지능 기술을 이용한 각종 제품들이 등장하고, 이러한 제품들이 종래 인간이 하던 일들을 대체하면서 그 자체로 하나의 시장을 형성하게 되면서 다양한 경쟁법적 문제들을 야기하게 된다.

알고리즘과 인공지능의 구별

알고리즘을 활용한 담합과 인공지능에 의한 담합은 서로 겹치는 영역도 있으나 구별되는 개념이다. 인공지능 개념을 논자들이 논문에서 서로 다른 개념 내지 단계의 인공지능을 정의해 사용하거나 정확한 개념 정의 없이 사용하고 있어서, 관련 문헌은 당해 논문 내지 보고서에서 전제하는 인공지능이 무엇인지를 살펴볼 필요성이 있다.

기존에 사용하던 알고리즘과 인공지능에 사용되는 기술이 인공지능 중에서 알고리즘을 이용하는 경우에는 알고리즘 규제라는 범위에서 서로 겹치는 부분이 있을 수 있으나 그렇지 않은 경우에는 서로 구분되는 두 개의 규율 체계로 보아야 한다.

알고리즘은 모니터링 알고리즘, 가격 설정 알고리즘,

추천 알고리즘 등 다양한 알고리즘이 있다. 이런 알고리즘을 어떻게 프로그래밍할 것인가 하는 것은 이미 알려져 있는 경우가 많고 가중치를 어떻게 줄 것인가와 같은 파라미터 결정을 인간 프로그래머가 한다. 그러므로 알고리즘은 일을 하는 방식, 가격을 결정하는 방식을 인간이 정하는 것이다. 그러나 인공지능의 경우에는 이와 구별되는 경우도 있다. 앞으로는 이런 인간의 개입이 필요 없는 상황이 있을 수도 있다. 현재까지의 인공지능 기술의 발전 상황에서는 자동화된 수학적 계산이 아무리 복잡해도, 이것을 인공지능이 자율적으로 업무를 수행했다고 평가할 수는 없다. 범용 인공지능이 등장하지 않았고 인공지능이 스스로 과업을 정해서 행한 업무가 아닌 인간이 짠 최적화 알고리즘에 따라 주어진 데이터를 바탕으로 답을 찾은 경우라면 여전히 인간에게 책임을 귀속시킬 수 있다.

현재의 인공지능의 경우에도, 예를 들어 신경망 인공지능의 경우를 보면 양자를 구별해서 논의해야 한다는 점은 명확하다고 본다. 인공지능 중에서도 신경망 컴퓨팅의 영역에 이르게 되면 신경망(neural network)이 가지고 있는 블랙박스적인 속성과 정해진 알고리즘에 의해서 결과물을 내놓는 것이 아니라는 점에서 알고리즘이라는 표현을 사용하는 것은 적절하지 않다.

신경망 학습을 하는 인공지능은 소프트웨어 구조와 수학적 요소의 인공 신경망을 구축해서 인간의 신경망을 모방해 유사한 방식으로 업무를 모델링한다.

이러한 딥러닝은 기존의 머신 러닝과 비교할 때, 더 정교한 형태의 기계 학습이다. 간단한 예는 특정 항목의 레이블이 지정된 수천 개의 이미지를 제공해 이미지에서 특정 레이블과 일관되게 상관되는 시각적 패턴을 찾을 수 있는 객체 인식 시스템이다. 신경망 학습을 하는 뉴럴 인공지능은 자가(自家) 학습을 하고 시장에서의 경쟁에 영향을 미치는 의사 결정을 할 수 있으므로 알고리즘과는 구별되는 것으로 보는 것이 타당하다. 규범적인 용어의 명징성(明徵性)을 위해서 이런 행태의 인공지능의 의사 결정에 대해 경쟁법을 적용하려고 하면 별도의 입법이 필요한 것은 아닌지 검토가 필요하다. 경쟁법 적용과 책임의 면에서도 양자는 구별이 필요하다고 본다.

카카오 모빌리티 사건

공정거래위원회는 카카오 모빌리티가 비(非)가맹 기사보다 자사 가맹 기사에게 유리한 배차 알고리즘을 은밀하게 운영한 행위를 제재한 바 있다. 2023년 2월 14일 카카오 모빌리티는 가맹 택시기사에게 일반 호출을 우선 배차하는 방법으로 콜을 몰아 주거나 수익성이 낮은 1km 미만 단거리 배차를 제외·축소하는 알고리즘을 은밀히 시행해 자사 가맹 택시 우대 배차 행위를 한 것을 이유로 공정위로부터 시정 명령과 과징금 부과 처분을 받았다.

카카오 모빌리티 사건은 미국 법원의 우버(Uber) 사건과 유사한 구조를 가지고 있다. 또 네이버가 자사 비교 쇼핑 서비스 검색 결과에서 자사 판매 상품이 타사 판매 상품보다 상단에 노출되도록 검색 알고리즘을 왜곡한 행위에 대해 제재했다. 공정거래위원회 전원 회의 2014. 5. 8.자 사건 번호 2014서감0594, 0595, 0596의 결정에서 네이버와 다음에 대한 동의 의결 사건이 발생했다. 2021년 네이버는 비교 쇼핑 서비스 검색 결과에서 자신의 오픈 마켓 서비스를 이용하는 사업자의 상품이 상위에 노출되기 유리하도록 부당하게 검색 알고리즘을 설계하고 적용했다는 이유로 공정거래위원회로부터 시정 명령과 함께 과징금 부과 처분을 받았다(공정위 2021. 1. 27. 의결 제2021-027호, 2018서감2521). 2024년 공정거래위원회는 '쿠팡'도 제재했다.

공정위는 '온라인 플랫폼 사업자의 시장 지배적 지위

남용 행위에 대한 심사 지침'을 제정했다. 심사 지침엔 관련 법 집행 과정에서 축적한 경험을 바탕으로 공정거래법 해석 시 고려할 사항이 담겼다. 공정거래위원회는 OECD 경쟁위 정기 회의에 참석하면서 '알고리즘과 경쟁', '디지털 분야 기업 결합에서의 경쟁 제한성 판단기준'이라는 두 개의 보고서를 OECD에 제출했다. '관련 시장 획정과 시장 지배력 측정', '기업 결합 이슈', '시장 지배력 남용 행위', '알고리즘 담합' 등의 문제가 있다.

가격 결정 알고리즘과 경쟁법의 적용

미국 뉴욕 연방 지방 법원은 2016년 차량 공유 업체인 우버의 가격 알고리즘이 묵시적 담합을 조장했다는 혐의로 우버의 책임을 인정하는 판결을 했다. 미국 뉴욕 지방 법원은 2016년 우버와 우버의 택시 운전사 간의 요금을 고정하는 알고리즘이 담합을 조장했다고 본 것이다.

가격 결정과 관련한 알고리즘(가격 알고리즘, pricing algorithm)의 경우 경쟁법을 위반할 가능성이 있으므로, 그 투명성의 관점에서 유의할 필요가 있다. 전자 상거래와 관련해 온라인 판매자들이 가격 자동 설정 프로그램을 사용하는 경우가 많은 것으로 알려져 있다. 가격 자동 설정 프로그램은 온라인에 공개된 경쟁 상품의 가격 또는 할인 정보를 모니터링하면서 자신의 상품 가격을 조정하는 소프트웨어다. 대표적인 프로그램 중 하나가 IBM의 '디멘드 테크 가격 최적화 소프트웨어'다. 이 프로그램을 활용하면 온라인 판매자들의 이윤 극대화와 맞물려 가격 인하 경쟁보다는 가격을 일정 수준 이하로 내려가지 못하게 하거나, 동시에 울리는 것이 가능해져 담합 수단이 될 우려가 있었다.

가격 알고리즘의 경우 온라인 상거래 플랫폼에서는 광범위하게 사용되고 있는데, 이를 통해 사업자들 간에 알고리즘을 통한 가격 담합이 발생할 가능성이 높은 것이다. 해외에서는 경쟁 사업자들이 아마존에서 사용하는 가격 정보를 지속적으로 수집하고, 수집을 주도한 판매자가 구현한 일련의 규칙에 따라 제품 가격을 책정하는 알고리즘 기반 가격 책정 소프트웨어를 사용한 사안 등에서 가격 알고리즘을 통한 담합이 인정된 바 있다. 알고리즘 도입에 따라서 투명한 시장에서 데이터를 수집하는 것이 훨씬 용이하게 되었고, 그 결과 사실상 담합의 효과를 초래할 수 있다. 다만, 자기 학습을 통한 알고리즘을 통해 가격이 설정될 경우에도 그 알고리즘 형태에 따라서 처벌 가능성은 달라질 수 있다.

알고리즘이 자동적으로 시장에서 높은 가격을 형성하

는 것에 기여한다는 실증 연구가 있다. 경쟁사들이 서로 의사소통이나 가격 담합의 의사가 없어도 같은 가격 결정 알고리즘을 사용하면 가격이 동기화된다는 것이다. 이는 일종의 '허브 앤드 스포크 담합(Hub and Spoke Collusion)'과 유사한 형태가 될 수 있다. 이를 담합으로 보아야 할지 논란이 있다.

'독일 가솔린 사건'에서 행한 실증 분석에 따르면 경쟁사 간 합의가 없어도 두 경쟁사가 같은 알고리즘을 사용하면 가격이 9~28% 상승한다고 한다. 합의가 없는데 같은 알고리즘의 사용을 합의라고 볼 수 있는지의 문제는 이런 실증 분석에 근거한 것이다(문종숙 · 구오영, 2024, 98쪽).

참고문헌

권보원(2022). 인공지능을 발명자로 볼 수 있을까? – DABUS 판결에 부쳐, ≪사법 59≫, 37-102쪽.

김호준(2024.7.5). 쿠팡 알고리즘 조작 논란, 충분한 논의 필요. ≪문화일보≫.

문종숙 · 구오영(2024). 제7차 OECD경쟁 오픈데이; 경쟁법 집행에서 후생기준 및 알고리즘과 경쟁. ≪경쟁저널≫, 221, 98쪽.

양영경(2024.6.14). 공정위원장, OECD 경쟁위 정기회의서 '카카오모빌리티·구글 제재' 소개. ≪헤럴드경제≫.

최승재(2024). 『인공지능의 역사』. 커뮤니케이션북스.
Asker, J., et. al.(2022). Artificial intelligence, algorithm design and pricing, *AEA Papers and Proceedings*, 112, pp.452-456.
Basu Chandola(2019.2.28). Algorithms and collusion: Has the CCI got it wrong?, Kluwer Competition Law Blog.
Federal Court of Australia(2021). Thaler v Commissioner of Patents [2021] FCA 879.
https://www.judgments.fedcourt.gov.au/judgments/Judgments/fca/single/2021/2021fca0879
Wang, Qiaochu, et. al.(2022). Algorithms, artificial intelligence and simple rule based pricing. SSRN.
https://ssrn.com/abstract=4144905 or http://dx.doi.org/10.2139/ssrn.4144905

06
가격 비교 알고리즘 사례

현재 알고리즘을 활용하는 것의 가장 대표적인 유형은 가격 비교 알고리즘이라고 할 수 있다. 가격 비교는 개별 회사의 가격 정보를 확보할 수도 있고 통계적인 가격 정보를 확보할 수도 있다. 어느 경우이건 가격 정보라는 빅 데이터를 인공지능으로 분석해서 개별 소비자들이 어떻게 대응할 것인지를 예측해 경제학에서 말하는 궁극의 개별 소비자별 가격 차별화(price discrimination)를 할 수 있다. 이 경우 공정거래법은 이를 어떻게 보아야 할지의 문제가 있다.

AI와 야구?

가격 비교 알고리즘

호텔이나 비행기 가격의 쿼리에 인공지능을 활용한 대응 증가가 두드러진다. 항공기를 예약하고 호텔을 예약해 보면, 내가 예약하는 과정을 보고 나의 가격 지불 의향을 추측해 첫 검색 이후 다시 예약을 하려고 하면 이전 같으면 저렴한 가격을 제안했을 것 같은데 오히려 더 높은 가격을 제안하기도 한다. 이는 내가 이제는 진짜 결제를 할 의향을 가지고 있고 가격이 높더라도 구매하려고 하는 분명한 의사가 있다고 보기 때문일 것이다. 이런 가격 알고리즘은 시장에서의 가격 결정에서 점차 중요한 역할을 하고 있다. 종래 경제학적으로 개별적으로 가격 차별을 하는 것은 이론적으로 교과서에만 존재하는 것으로 이해했다. 그러나 이제는 가격 알고리즘을 통해서 이런 이론이 현실이 되고 있다.

가격 알고리즘 담합 사건이 호텔, 카지노, 주택 임대 등 산업 전반에 걸쳐 일련의 물결을 이루는 상황에서, 깁슨(Gibson) 사건은 리얼페이지(RealPage), 야디(Yardi), 애틀랜틱 시티(Atlantic City) 카지노 호텔 사건 등 일련의 유사한 알고리즘 담합 사건과 결을 달리해 전 세계적인 관심이 집중이 되었는데 이에 대한 흥미진진한 내용을 검토해 본다.

알고리즘을 이용한 검색과 불공정 거래 행위

알고리즘은 중립적으로 정해진 바에 의해 처리되는데 무슨 문제가 있느냐는 주장이 제기되었다. 이에 대해 필자는 알고리즘을 만드는 과정에서 중립성을 훼손할 수 있는 요소가 들어간다고 생각한다. 그렇기 때문에 단순히 알고리즘은 검색 중립성을 달성한다는 것은 타당한 답이 아니며, 그 알고리즘의 중립성을 살펴보아야 한다는 생각이다.

그렇지만 이에 대해 알고리즘을 공개할 경우에 발생하는 어뷰징(abusing)의 문제가 있는 것도 사실이다. 알고리즘을 공개할 경우 그 공개된 알고리즘을 이용해 자신들이 원하는 결과를 달성하고자 하는 사람들이 생길 수 있고, 이렇게 되면 왜곡된 검색 결과를 검색 엔진이 보여 주게 되는 문제다. 단순히 '남용'이라고 번역하는 경우 그 의미가 다른 남용과 구별되지 않으며, 통상적으로 업계에서 이 용어를 사용하고 있다는 점에서 '어뷰징'이라는 단어를 사용하고자 한다. 이와 관련해, 전문(full text)은 아니지만 전자 우편 목록처럼 헤드라인을 볼 수 있으며, 클릭해서 해당 페이지에 들어갈 수 있는 기술을 초간편 배급 환경(RSS, Really Simple Syndication)이라 한다. 이 기술을 통해서 언론사 홈페이지나 블로그의 업

데이트 정보를 한꺼번에 모아 보내거나 받아 볼 수 있다.

초간편 배급 환경은 기사의 복사, 편집, 유통을 간편하게 하고 최근의 뉴스를 검색하기 쉬워 복사와 재편집을 통해 만들어진 어뷰징 기사를 순식간에 확산할 수 있는 기술적 요건을 갖추고 있고 하면서, 기사 내용과 상관없이 최신 기사를 위에 올려 검색자가 원하는 내용이 아닌 최근의 기사가 가장 먼저 검색되게 한다는 주장이 있다. '많이 본 뉴스'가 상위에 랭크되도록 알고리즘을 구축할 수도 있지만, 그렇게 되면 결국 공들여 취재한 보도 기사는 맨 밑으로 가고, 최신 어뷰징 기사가 맨 위로 올라가 트래픽이 올라가게 된다. 이런 문제점을 해결하기 위해 네이버와 카카오는 클러스터링(clustering) 방식을 검색 알고리즘으로 채택했다(한운희, 2015). 클러스터링 알고리즘은 대용량 문서 집합을 관련 질의(query, 설계된 정보 검색 전용 언어)에 따라 주제별로 분류해 그룹으로 묶어 보여 주는 검색 방식이다(홍문기 · 김병희, 2016). 수많은 문서를 미리 분류한 상태에서 이용자가 검색을 시도할 때 모든 문서를 검색하지 않고 클러스터 내에서 이용자가 원하는 적합한 문서만 검색함으로써 탐색 시간을 줄이고 검색의 효율을 높인다(Slonim & Tishby, 2000). 따라서 이 방식을 쓰면 해당 질의(쿼리)의 최신 기사를 무조건 상위로 배치하게 된다. 인공지능의 경우에도 학습하는 방식을 알게 되면 이러한 방식의 왜곡을 발생시킬 수 있다. 마이크로소프트가 트위터(Twitter), 그룹미(GroupMe), 킥(Kik) 등의 소셜 메신저를 통해 사용자와 대화를 나눌 수 있는 인공지능 채팅 서비스 '테이'를 24일(현지 시간) 선보였다가 인종 차별적 발언을 쏟아 내면서 16시간 만에 운영을 중단하는 일이 생긴 것이 대표적 사례다(김국배, 2023). 향후에도 생성형 인공지능을 어뷰징하는 경우 이런 사건이 재발할 수 있다.

그러나 이러한 왜곡의 우려가 있다고 하는 것과 규제 기관이 이를 받아서 분석해 왜곡된 검색 알고리즘을 사용하고 있는지를 살펴보는 것은 별도의 문제다. 규제 기관에 의한 누설의 문제를 걱정하는 것이 아니라면, 알고리즘으로 검색 순위를 정하고 보여 준다는 것만으로는 부당하게 검색 결과를 보여 주고 순위를 정하는 문제가 없다고 단정할 수는 없다.

물론 검색 기업의 경우 검색 알고리즘이 기업의 핵심 무형 자산이다. 이런 핵심 자산 공개는 영업 비밀 보호의 관점에서 제한되어야 한다. 그러나 불공정 거래 행위의 방지를 위해 이런 알고리즘에 대한 규제가 불가능하게 되어서는 안 된다. 다만, 현실적으로 국내 업체들은 알고리즘을 제시하는데 해외 업체들은 그러지 않으려 할 때 규제 기관의 대응 문제가 있을 수 있다. 집행 과정에서 결과적으로 국내 검색 업체를 차별하게 되는 경우가 발생해서는 안 될 것이다. 여러 가지 알고리즘이 존재하고 그 알고리즘의 유형에 따른 분석이 필요하다.

알고리즘 담합에 대해서 OECD는 네 가지로 구별하고 있다(OECD, 2017). 메신저 유형, 허브 앤드 스포크 유형, 예견 가능한 에이전트(predictable agent) 유형, 자동기계(Automonous Machine) 유형이 그것이다. 이들 유형은 전통적인 공동 행위와 달리 사람들이 만나서 의사합치를 하는 것이 아니라 만들어 둔 알고리즘을 통해서 가격이 동조되는 결과가 발생하도록 한다. 첫 유형인 메신저 유형은 공동 행위를 하기로 합의한 사업자들이 동일한 알고리즘을 이용해 가격을 서로 유사한 수준으로 자동적으로 조정하는 행위를 함으로써 공동 행위를 하는 유형이다. 알고리즘을 인간의 메신저와 같이 사용한다는 점에서 이 유형을 메신저 유형이라고 부른다. 두 번째 유형은 하나의 허브 역할을 하는 플랫폼을 둘러싸고 수직적 관계에 있는 경쟁 기업들이 플랫폼의 가격 결정 시스템을 동일하게 이용하면서 수평적 공동 행위의 효과가 발생하게 되는 유형이다. 세 번째 유형인 예견 가능한 에이전트 모델은 인터넷을 통해서 가격 정보가 투명하게 공개되고 가격이 알고리즘에 의해서 탄력적으로 결정되는 시장 상황에서 명시적인 합의가 없이도 가격 동조화가 되는 경우를 염두에 둔 것이다. 즉, 가격 정보의 공개로 인해서 이와 같은 결과가 발생하게 되는 것이다. 마지막 유형은 인공지능을 이용하는 경우다. 기업이 전통적으로 행하던 가격, 생산량 등의 의사 결정을 인공지능이 대신하게 되면 이런 의사 결정에 다른 기업들도 인공지능을 사용하게 되면서 가격이 동조화하는 결과가 발생하게 되는 경우를 말한다.

인공지능의 경우에는 기존의 알고리즘과 달리 블랙박스 형식이라는 점에서 그 내부 처리를 알 수 없다는 특징이 있다. 기업들이 인공지능을 사용해 가격, 생산량 등 공정거래법이 공동 행위의 대상으로 삼고 있는 요소들을 결정하는 경우, 이러한 결정 결과물의 동조화를 '의식적 병행 행위'에 그칠 것인지, 아니면 공정거래법이 금지하는 부당한 공동 행위로 볼 것인지는 매우 중요한 문제다. 문제는 블랙박스화된 의사 결정의 내용을 규제 기관이 알 수 없다면 현재의 공정거래법의 규제 체계 및 집행 체계로는 공정거래위원회가 법원을 설득하는 데 어려움이 있을 수 있다.

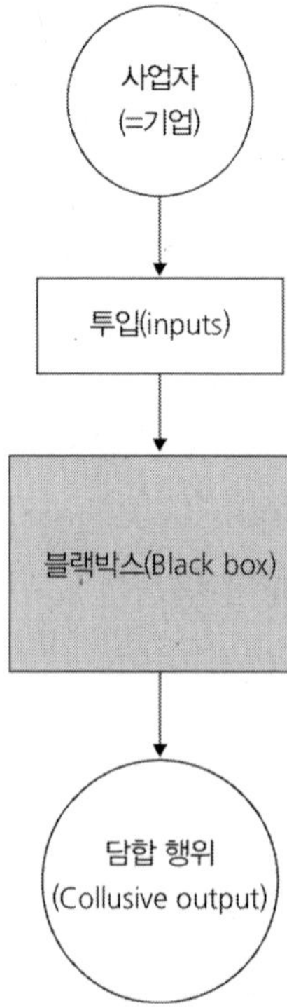

그림 6-1. 블랙박스 형식의 인공지능.

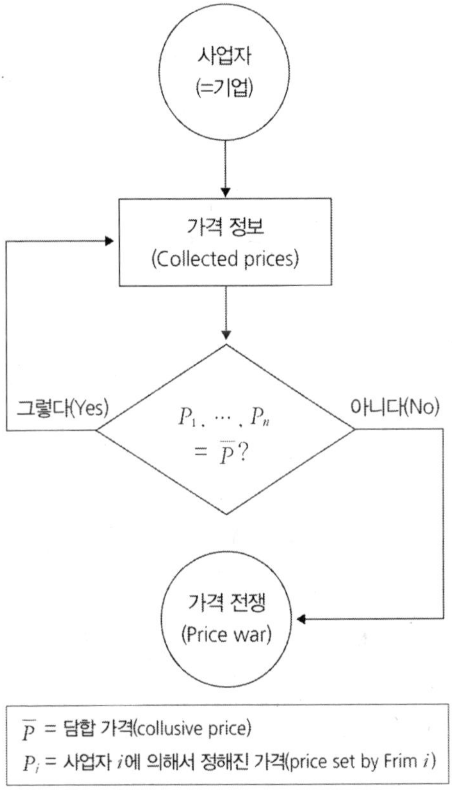

그림 6-2. 알고리즘을 통한 가격 결정 메커니즘

하나의 동일한 알고리즘을 공유함으로써 가격 담합이 이뤄질 수도 있다는 점은 전 세계 경쟁 당국들이 공통적으로 인식하고 있는 문제다. 알고리즘이라는 것은 실제 하나의 수단에 불과하고, 그 알고리즘을 사용하는 것은 사람이다. 수단으로서 알고리즘을 볼 것이 아니라 그 뒤에 있는 사람을 보아야 공동 행위 여부의 판단이 가능하다. 이런 관점에서 현행 공정거래법의 공동 행위 규제나 불공정 거래 행위에 대한 규율의 공백이 없는지를 볼 필요가 있다.

미국 법무부의 배리 니그로 수석 검사는 "알고리즘 담합에 대한 오해는 기술에 대한 이해 부족에서 생기는 것으로, 알고리즘을 사용해 발생하는 묵시적 담합은 참가자들 간의 합의 없이는 위법하다고 판단할 수 없다"는 입장을 표명했다. 알고리즘을 사용한다는 그 자체가 위법한 담합이 된다고 보는 것은, 자동차를 운전한다고 해서 모두를 문제 삼는 것과 같다. 그 알고리즘의 기능, 역할, 설계자나 사용자의 의도를 종합적으로 고려해 의사의 합치 여부를 판단할 필요가 있다. 모니터링이나 병행 알고리즘의 경우 미국 법무부는 실제 자동화된 알고리즘을 통해 가격 경쟁을 회피하도록 한 행위에 대해 형사 처벌을 했다(미국 법무부, 2015). 아마존은 경매 모델

(auction model)을 통해 제품을 판매하고 있는데, 판매자들은 아마존과 계약을 체결해 자신의 제품들을 아마존의 웹사이트를 통해 판매하고, 가격 책정과 배송 등에 대한 사항을 결정한다(Chen, 2016). 이 시장에서 피고인 회사는 경쟁 사업자들의 가격을 수집하는 알고리즘 기반 소프트웨어를 이용해 가격 정보를 수집한 후에, 경쟁 사업자와 경쟁하지 않는 가격으로 가격을 책정해 공급하는 방식을 취했다[United States v. Topkins, 2015]. 그런데 이 사건은 이미 사전에 사람들이 합의한 내용을 소프트웨어를 통해 구현한 사건이다. 즉, 사람들이 담합을 하고, 그 담합을 제대로 수행하고 있는지 감시하는 역할을 알고리즘 기반의 소프트웨어에게 맡긴 것이다. 한편, 지금까지 미국에서 문제가 된 알고리즘 담합 사례들은 모두 인터넷 플랫폼상에서 발생했다는 공통점을 갖고 있다.

물론, 향후 인공지능에 의한 알고리즘(예를 들어, 강력한 인공지능을 가진 '자기 학습 알고리즘')의 발달에 따라, 기술 진보로 프롬프트(prompt)의 입력도 필요하지 않을 정도로 인간의 개입이 없어지게 되면 특정 알고리즘이나 인공지능 알고리즘 간의 의사 합치를 법이 규제해야 할 상황이 발생할 수도 있다(McSweeny, 2017).

이와 같이 인간이 합의하지 않고 가격 결정 알고리즘을 사용하기만 했는데, 알고리즘 스스로 경쟁이 아닌 담합을 최선의 전략으로 선택해 담합을 실행하기로 한다면, 우리는 이 문제를 어떻게 해결해야 할 것인가? 자율주행 자동차가 사고를 발생시킬 경우 그 책임을 누가 부담할 것인가와 같은 맥락의 질문으로, 알고리즘 담합에 대한 법적 책임은 누가 부담할 것인가의 문제 등이 있을 수 있겠지만, 이 문제는 상대적으로 많은 논의가 진행되었고 단순하게 정리될 수 있는 문제다. 즉, 해당 알고리즘을 사용한 사람의 책임이라고 보는 것이 기본적으로 옳은 것이다. 어려운 문제는 합의의 개념을 어떻게 재정의할 것인가에 있다. 이 점에 대해서는 가장 상세한 연구를 진행해 온 OECD도 해답을 제시하지 못한 채, 경쟁 당국 간 협력을 강조하고 있다(OECD, 2017).

분명한 것은 알고리즘을 사용함으로써 기업들은 더 빠르게 가격 정보를 포함한 관련 정보를 수집할 수 있고, 경쟁자의 가격에 대응할 수 있다. 또한 정보는 더욱 투명해지고 보복도 용이해졌다. 이러한 점들은 종합적으로 살펴보면, 시장에 경성 카르텔이 발생시키는 문제와 비슷한 상황을 야기하고 있다. 일단 정해진 가격은 알고리즘을 통해 안정적으로 유지될 수 있게 된 것이다.

즉, 알고리즘들은 사람들 사인(私人)의 의사의 합치라는 요소를 전혀 충족하지 않고 경성 카르텔과 같은 효과를 발생시킬 수 있다(Ezrachi & Stucke, 2015). 그렇다면 향후 명시적 의사의 합치가 아닌 묵시적 의사의 합치에 대한 법리를 고민할 필요성은 충분히 있다. 이 문제는 현행법의 집행 문제일 수 있지만, 입법의 공백이 발생할 수도 있다. 한편으로, 기술 혁신의 관점에서는 알고리즘의 발전 방향성이 열려 있는 상황에서 섣부른 사전적 규제가 가져올 폐해도 우려되는 상황이다. OECD의 제안대로 알고리즘 담합의 문제는 지켜보되 계속 학습해 가면서, 기술에 대한 공포가 아닌 기술에 대한 이해를 기반으로 연구하고 관찰해야 한다.

참고문헌

김국배(2023.2.7.). 서둘러 AI 챗봇 내놓는 구글...MS 테이 막말 옛말, 빅테크 신중 모드 탈피. 이데일리.

김병희 · 심재철(2016). 『뉴스 어뷰징과 검색 알고리즘』. 커뮤니케이션북스.

이혁(2024). 2024년 경쟁법학회 하계 학술대회 패널 토론문. ≪AI와 경쟁법≫.

한운희(2015). 국내 포털의 뉴스 검색 알고리즘과 언론: 검색 속성 구체적 공개로 투명성 · 신뢰성 높여야. ≪신문과 방송≫, 6~11쪽.

홍문기 · 김병희(2016), 인터넷 뉴스 어뷰징의 실효적 피해구제를 위한 제도적 기술적 개선방안. 한국광고홍보학회, 18(2), 112-147쪽.

Chen, L., et. al.(2016), An empirical analysis of algorithmic pricing on Amazon marketplace. *Proceedings of the 25th International Conference on World Wide Web*, pp.1339-1349. www.ccs.neu.edu/home/amislove/publications/Amazon-WWW.pdf.

Ezrachi, Ariel & Stucke, Maurice E.(2015). Artificial intelligence & collusion: When computers inhibit competition. *University of Illinois Law Review*, 2017; *Oxford Legal Studies Research Paper*, 18; *University of Tennessee Legal Studies Research Paper*, 267. https://ssrn.com/abstract=2591874 or http://dx.doi.org/10.2139/ssrn.2591874.

Guniganti, Pallavi(2018). US DOJ deputy: Algorithmic cartel requires agreement. Global Competition Review. https://globalcompetitionreview.com/article/1153380/us-doj-deputy-algorithmic-cartel-requires-agreement.

OECD(2017). Algorithm and collusion - Background note by secretariat.

Slonim, N. & Tishby, N.(2000). Document clustering using word clusters via the information bottleneck method. *Proceedings of SIGIR-2000*. pp.208-215.

Terrell McSweeny & Brian O'Dea(2017). The implications of algorithmic pricing for coordinated effects analysis and price discrimination markets in antitrust enforcement. *Antitrust*, 32(1).

U. S. Department of Justice(2015.4.6). Former E–commerce executive charged with price fixing in the antitrust division's first online marketplace prosecution. https://www.justice.gov/archives/opa/pr/former-e-commerce-executive-charged-price-fixing-antitrust-divisions-first-online-marketplace

United States v. Topkins, No. CR 15–00201(N.D. Cal. 2015).

07
인공지능과 데이터 독점

인공지능이 공정거래법에 미치는 영향은 인공지능을 이용한 공동 행위나 불공정 거래 행위의 문제에만 국한되는 것이 아니다. 데이터를 독점하면 인공지능 학습의 역량에 영향을 미치게 된다. 그래서 이런 데이터의 공유를 요구하는 측이 있다. 그런데 인공지능을 산업으로 본다면 향후 어떤 기업이 더 나은 인공지능을 가지는가의 문제가 경쟁에서의 핵심 역량이 된다는 점에서 재산권의 대상인 데이터의 전유를 인정하는 것이 필요하다. 이 양자의 밸런스가 공정거래법의 과제다.

AI와 윤동주?

데이터의 독점이 인공지능 경쟁에 미치는 영향

인공지능을 훈련하기 위해 필요한 데이터의 이용에서 아마존 마켓 플레이스의 '자사 우대' 사건에서 보는 바와 같이 개인 정보 및 다양한 구매 데이터를 축적하는 기업의 데이터가 공정거래법에서 가지는 의무는 크다고 본다. 이런 데이터 독점은 인공지능 데이터 이용을 통한 계열사 부당 지원도 문제가 될 수 있다. 그 외 인공지능 데이터의 사용에서 거래 상대방의 데이터 이용과 관련해 발생할 수 있는 이슈로 하도급법상 '기술 유용', 대규모 유통법상 '경영 정보 요구', 대리점법상 '경영 간섭' 등의 문제도 있다.

인공지능, 빅 데이터, 사물 인터넷, 3D 프린팅 등의 기술은 개별적으로 논의되고 있지만, 사실은 하나의 덩어리이며 서로 연결되어 있다. 깁슨은 "기술들은 연결되어 있지만, 실제 어떻게 움직이는지를 알기 위해서는 우리가 하나씩 공부할 필요가 있다(When you want to know how things really work, study them when they're coming apart)"라고 말했다(William Gibson, 『Zero History』). 지금 논의되고 있는 기술들은 '초(超)고도'의 지능을 가지고 인간과 사물이 긴밀하게 서로 연결되어 있는 사회상을 만들어, 궁극적으로 '초(超)집중',

'초(超)독점 사회'로 귀결시킬 가능성이 상당히 높다. 인공지능과 빅 데이터, 그리고 5세대 이동 통신 기반의 사물 인터넷은 모두 연결된 논의들이다. '초(超)연결 사회'에서 인간을 대신해 결정하고, 정보를 통제하며, 소통하는 사회에서 최고의 가치재인 정보의 독점을 고민해야 한다. 초(超)빅 데이터를 소유하고 있는 기업을 경쟁법은 어떻게 바라보아야 할 것인가? 빅 데이터 문제도 경쟁법의 큰 주제 중 하나다(강정희, 81쪽).

가격 결정 알고리즘의 사례

'파이선(python)'을 이용해 다음과 같은 매우 초보적인 가격 결정 알고리즘을 개념적으로 제시해 본다.

```
def calculate_product_price(cost, competitor_price, demand_level, profit_margin=0.2):
    제품 가격을 계산하는 함수
    :param cost: 제품 원가
    :param competitor_price: 경쟁사 제품 가격
    :param demand_level: 수요 수준 (1-10, 10이 가장 높음)
    :param profit_margin: 목표 이익률(기본값 20%)
    :return: 계산된 제품 가격
```

```
# 원가 기반 가격
base_price = cost / (1 - profit_margin)
 # 경쟁사 가격 고려
market_adjusted_price=(base_price+
competitor_price) / 2
# 수요에 따른 가격 조정
demand_factor = 1 + (demand_level - 5) / 20  # -0.25 ~
0.25 범위의 조정
final_price=market_adjusted_price * demand_factor
# 최종 가격은 원가보다 낮아서는 안 됨
final_price = max(final_price, cost * 1.05)
    return round(final_price, 2)
```

이 알고리즘을 구현하기 위해서 들어가야 할 필요 데이터는 제품 생산에 들어가는 비용인 '원가', 목표 이익율, 경쟁사 가격, 제품에 대한 시장 수요, 알고리즘의 작동 방식이다. 원가와 목표 이익률을 기반으로 기본 가격을 계산하고, 경쟁사 가격을 고려해 시장 조정 가격을 제시하는 방식을 취하게 될 것이다. 이런 간단하고 소수의 파라미터를 사용한 알고리즘을 고도화하게 되면 자동화된 의사 결정이라고 불리지만 인간이 그 의사 결정을 설계한 시스템을 설계하고 운용할 수 있게 된다.

깁슨 사건과 '허브 앤드 스포크' 모델

위와 같은 가격 결정 알고리즘은 호텔, 주택 임대, 항공권 판매 등 다양한 곳에서 활용하고 있다. 위에서 만들어 본 간단한 가격 결정 알고리즘을 넘어서 개별적인 사용자의 의사를 고려해 기업의 입장에서 최적의 가격을 찾아내는 과정을 거치면서 가격들은 서로 수렴할 수 있다.

우리나라와 미국을 포함한 전 세계에서 부당한 공동 행위를 규율하는 국가들은 공통적으로 명시적 합의뿐만 아니라 묵시적 합의(tacit collusion)에 의한 공동 행위를 인정하고 있다. 어느 경우이건 공동 행위를 하려는 자는 단순한 결과의 일치, 즉 외형상의 동일한 가격만이 있으면 되는 것이 아니라 공동 행위를 하려고 하는 의도나 목적이 필요하다. 그런데 문제는 인공지능을 활용하는 경우이거나 알고리즘을 활용하는 경우, 머신 러닝을 통해서 학습한 모델은 이런 의도가 없이도 외형의 일치가 있을 수 있다. 만일 사람에 대한 의사 요소를 머신 러닝을 위한 학습이나 알고리즘을 코딩하는 과정까지 포함해서 보지 않게 되면 전통적인 공정거래법에 의거할 때 이들이 부당한 공동 행위로 공정거래법의 규제 대상이 될 수 있을지의 여부는 논란이 있을 수 있다.

깁슨 사건의 원고 깁슨 등은 라스베이거스에 소재하는 다섯 개의 호텔에 숙박을 한 사람들이다. 다섯 개의 호텔은 센딘(Cendyn)이 만든 가격 결정 알고리즘을 공통적으로 사용했고, 그 결과 이들은 동일한 알고리즘 사용을 통해서 허브 앤드 스포크 방식으로 묵시적 담합 행위를 한 것이라고 주장했다. 즉, 동일한 알고리즘을 제공하는 허브를 기초로 해서 이들 호텔들이 일종의 스포크로서 기능하면서 묵시적으로 공동 행위를 한 것이라는 것이 원고들의 주장이었다.

깁슨 사건은 법원이 알고리즘 담합 주장을 받아들이지 않았다는 점에서 이전에 미국에서 논의되었던 리얼페이지, 야디, 애틀랜틱 시티 카지노 호텔 사건과는 구별된다. 이 사건에서 호텔들이 기밀 정보를 공유하면서 알고리즘이 제시하는 가격을 따라서 가격 결정을 하기로 한 것이라는 점이 문제가 되었는데, 이런 가격 결정 알고리즘에 구속되기로 했다는 합의의 존재에 대한 증명이 없다는 이유로 네바다주 법원은 이를 받아들이지 않았다. 이와 비교해 리얼페이지 사건의 경우 임대 사업자들이 리얼페이지사의 알고리즘에 최적 가격을 설정하기 위해 필요한 핵심적인 정보를 제공하고 경쟁 사업자들

역시 그렇게 한다는 것을 알고 있었기 때문에 결국 가격 담합이 발생하게 된다는 주장을 받아들였다는 점에서 법원의 판단은 구별된다. 이 데이터를 특정한 그룹에서 공유하면서 이와 같은 방식으로 공동 행위를 수행하는 방법도 있지만 다른 한편으로는 자신의 계열 회사나 자회사들에 대해서만 자신이 확보한 데이터를 제공하면서 다른 경쟁 회사들에게는 이런 데이터를 제공하지 않는 행위를 공정거래법이 규율하는 대상으로 할 것인지에 대해서 생각할 필요가 있다.

데이터, 경쟁의 핵심 요소로서의 자산

데이터를 확보하는 것은 인공지능이 등장하기 전에도 시장에서 사업자들이 경쟁을 하는 핵심적인 요소로 기능했다. 보험 회사가 있다고 하자. 만일 이 회사는 기상 데이터를 광범위하게 확보하고 있어서 내년에 풍수해가 발생하지 않을 것이라고 판단하고 있다고 해 보자. 이런 상태에서 기상 데이터에 기초해서 풍수해 보험을 적극적으로 판매했고 실제 기상 데이터대로 풍수해가 발생하지 않았다고 하면 이 보험 회사는 보험료는 많이 수취했지만 보험 사고가 발생하지 않아서 보험금을 지급하지 않았을 것이다. 이 보험 회사와 같이 데이터 기반의 사업을 하는 회사들의 경우에 이와 같은 데이터들은 매우 중요한 사업 자산이 된다. 이런 것을 공유하라고 강제하면 될까?

유통 회사는 어떤가? 유통 회사들의 경우 가장 중요한 데이터는 고객에 대한 데이터다. 어떤 고객이 언제 어떤 물건을 구입할 것인지를 잘 알고 있어야 적기 공급을 할 수 있다. 아마존도 그렇고 쿠팡도 그렇고 이런 유통 기업들은 고객의 데이터를 분석해 고객이 실제로 주문을 하기 전에 고객이 원할 것으로 보이는 상품을 고객의 소재지 인근 창고[쿠팡은 '풀필먼트 센터(fulfillment center)'라고 부른다]에 옮겨 두고 고객에게 적기에 주문이 있으면 바로 '로켓'같이 배송을 할 수 있게 된다. 이런 고객 데이터들을 공유해야 할까?

결론적으로 이를 공유해야 한다는 주장은 다른 경쟁사업자의 프리 라이딩(free riding)을 허용하자는 것으로 타당하지 않다고 본다.

데이터 이동성(Data portability)

데이터가 이처럼 전유적인 재산권이라는 점에 대해서 동의하면서도 개인 정보의 경우 데이터 이동성을 담보해야 한다는 요구가 있다. 대표적인 것이 의료 데이터다.

의료 데이터의 경우 한 병원에서 촬영한 CT 데이터를 다른 병원에서도 그대로 사용할 수 있도록 하는 것이 필요하다. 이는 '마이 데이터' 사업이라는 형식으로, 환자의 요구가 있을 경우 이와 같은 데이터 이동성을 담보하도록 하는 것이 이미 이루어지고 있다. 이런 '마이 데이터'에 대한 정보 보유자의 자기 결정권에 기초한 데이터 이동권의 보장은 금융 정보의 경우에도 마찬가지로 요구되고 있다. 이를 통해서 금융 기관들은 고객 정보에 대한 데이터를 활용할 수 있는 가능성을 높이고 있다.

데이터의 활용과 법적 제약

그런데 문제는 이런 '의료 정보'와 같은 '민감 정보'의 경우, 개인 정보 보호법이 요구하는 법적 요구를 충족해야 한다. 환자의 요구에 의한 데이터 이동성을 담보하는 것과 별개로, 인공지능을 개발하고 학습시키기 위해서 필요한 데이터로 사용하는 것은 디지털 헬스 케어 산업 발전을 위해서도 중요하다. 그래서 정부는 현행 개인 정보 보호법 제3자 전송권 규정에 없는 의료 정보 범위 및 활용 기관 요건 등을 구체화하기 위해 '디지털 헬스 케어 진흥법'의 입법을 추진하고 있다. 현행법상 개인 정보 보호법 외에도 데이터와 관련한 부정 경쟁 방지법상의 한정 제공 데이터에 대한 부정 경쟁 행위에 대한 금지 규범 외에 데이터에 대한 규율로 '데이터 산업 진흥 및 이용 촉진에 관한 기본법(약칭: 데이터 산업법)'이 있다. 이 법은 2022년 4월 20일부터 시행된 법이다. 이 법의 제1조(목적)는 "이 법은 데이터의 생산, 거래 및 활용 촉진에 관해 필요한 사항을 정함으로써 데이터로부터 경제적 가치를 창출하고 데이터 산업 발전의 기반을 조성해 국민 생활의 향상과 국민 경제의 발전에 이바지함을 목적으로 한다"고 하고 있다. 이 법은 과기부의 데이터 관련 규율의 근거가 된다.

무어(Moore) 판결과 인체 유래물의 귀속, 그리고 데이터

한편 의료의 경우에는 생명 윤리법제에 의한 규제도 받게 된다. '생명 윤리 및 안전에 관한 법률'(약칭: 생명 윤리법)은 보건 복지부 소관 법령이다. 이 법 제1조는 "이 법은 인간과 인체 유래물 등을 연구하거나, 배아나 유전자 등을 취급할 때 인간의 존엄과 가치를 침해하거나 인체에 위해(危害)를 끼치는 것을 방지함으로써 생명 윤리 및 안전을 확보하고 국민의 건강과 삶의 질 향상에 이바

지함을 목적으로 한다"고 규정하고 있다.

인체 유래물의 경우에는 암세포를 사용해 결과물이 나올 경우 그 결과물에 대한 분배에 대한 논란이 있다. 미국에서 '무어 판결'이 선례적인 의미가 있다. 이는 의료 데이터의 귀속에 대해서도 참고가 된다고 본다. 1976년 존 무어(John Moore)는 UCLA 메디컬 센터의 암 연구자이자 의사인 데이비드 골드(David Golde)로부터 백혈병 치료를 받았다. 무어의 암세포는 이후 UCLA에 의해 세포주로 상업화되었다. 캘리포니아주 대법원은 병원 환자가 버린 혈액 및 조직 샘플은 그의 개인 재산이 아니며 개인은 자신의 세포에서 파생된 연구 또는 상업용 제품에서 얻은 이익을 공유할 권리가 없다고 판결했다. 다만 의사는 환자의 인체 유래물의 상업적 이용에 대해서 정보를 제공하고 동의를 얻어야 한다는 점을 지적했다.

인공지능과 데이터 독점

진단을 위한 뇌출혈 등의 영상 분석과 같은 분야는 패턴 인식을 통해 신속한 분석을 잘할 수 있는 인공지능이 강점을 가진 분야다. 이런 진단 영역 외에도 다양한 활용도를 높이기 위해서 데이터의 활용이 필요한데 다른 한편으로는 데이터의 보호가 필요하다는 점에서 공익적인 요구가 큰 의료 분야에서의 데이터 처리는 양자의 균형이 필요하다.

바이오 헬스 회사들의 경우에는 데이터에 대한 독점(data exclusivity)은 특허만큼이나 중요하다. 그런데 데이터를 가지고 연구를 해야 할 필요성이 있다. 이런 점에서 향후 데이터 독점에 대한 논의는 인공지능을 활용한 단백질 분석에서 보듯이 지속적으로 논의될 것으로 보인다.

참고문헌

강정희(2016), 빅데이터 기반의 디지털 경제와 경쟁법의 과제, ≪선진상사법률≫.

Howard J. J.(1989). Biotechnology, patients' rights, and the Moore case. *Food Drug Cosmet Law Journal*, 44(4), pp.331-358.

In the United States Court of Appeals(2024.10.24). Brief for the United States as Amicus Curiae in support of plaintiffs-appellants. https://www.justice.gov/atr/media/1376121/dl

John Moore, Plaintiff and Appellant, v. The Regents of the University of California et al., Defendants and Respondents, 51 Cal. 3d 120; 271 Cal. Rptr. 146; 793 P.2d 479.

08
인공지능, 투명성, 경쟁법 그리고 설명 가능한 인공지능

현행 법 체계는 누군가에게 법적인 책임을 지도록 하기 위해서는 왜 그런 행동을 했는지에 대해서 설명을 하도록 한다. 이는 경쟁법도 마찬가지다. 그런데 인공지능은 블랙박스의 속성을 가지고 있다. 이런 인공지능의 속성은 법적 책임이라는 관점에서 고려할 점을 제시하고 있다. 물론 우리는 설명 가능한 인공지능을 위해 노력하고 있지만 이미 인공지능을 사용하고 있는 상황에서 이런 인공지능의 불투명성에 대한 검토가 필요하다.

AI와 한의학?

블랙박스로서의 인공지능

인공지능은 무엇을 학습하고 어떻게 결과를 내는가?

인공지능은 블랙박스다. 다시 말해 인공지능이 왜 이런 결괏값을 낸 것인지를 설명할 수 없다. 인공지능의 블랙박스 특성은 인공지능 시스템의 내부 작동 방식과 의사 결정 과정을 이해하기 어렵다는 것을 의미한다. 인공지능은 불투명한 의사 결정 과정을 거친다. 인공지능이 사용하는 딥러닝 모델은 수많은 파라미터와 복잡한 신경망을 통해 결과를 도출한다. 이런 과정은 인간이 이해하기 어렵다. 입력과 출력만 확인 가능할 뿐이다. 인공지능 시스템을 사용하는 사용자는 인공지능 모델에 데이터를 입력하고 결과를 받아 볼 수 있지만, 중간 과정은 알 수 없다. 그렇다면 이에 대한 책임을 부담하도록 하는 법 체계에서 이를 어떻게 반영해야 할까? 이런 블랙박스로서의 인공지능이 가지는 특성으로 인해서 인공지능이 특정 결정을 내린 이유나 근거를 명확히 설명하기 어렵다.

블랙박스 특성의 문제점은 인공지능의 작동 원리를 이해할 수 없어 사용자와 의사 결정자들이 인공지능을 신뢰하기 어려운 상황을 제공할 수 있다. 이는 우리가 내부 구동 원리를 몰라도 문제가 되지 않는 컴퓨터를 이용한 계산과는 다른 문제 상황이다. 그리고 이런 신뢰성 문제 외에 윤리적 문제도 발생할 수 있다. 왜냐하면 인공지능이 편향된 결정을 내리고 사회적 불평등을 유발할 가능성도 있기 때문이다. 이는 마치 유튜브의 '추천 알고리즘'이 이를 사용하는 시청자들에게 특정한 편향성을 가지고 있는 채널들만을 지속적으로 제안해 사용자가 특정한 방향의 편향적인 생각을 강화 학습시키는 것과 같은 문제라고 할 수 있다(최승재, 2025).

인공지능에 대한 법적 책임과 블랙박스 문제

인공지능이 블랙박스라는 점은 규제 및 법적 책임에서 문제를 야기한다. 특히 금융, 의료 등 엄격한 규제가 있는 분야에서 인공지능의 결정 과정을 설명할 수 없어 법적 요구 사항을 충족하기 어려울 수 있다는 점은 법률가에게 고민을 제시한다. 이는 경쟁법 집행에서도 마찬가지다. 경쟁법은 행위에 대한 규율이다. 예를 들어 둘 이상의 사업자가 담합 행위를 하면 그 행위가 가지는 결과 반가치인 경쟁 제한 효과를 기반으로 이런 행위를 경쟁법 위반으로 제재한다. 그런데 이 과정에서 그 행위를 왜 했는지에 대한 설명이 필요하다. 이런 점에서 경쟁법 집행의 시각에서 인공지능이 블랙박스로서의 속성이 있다는 것은 인공지능을 사용하는 사업자에 대한 경쟁법 집행에 특이한 점이 된다.

경쟁법 분야만이 아니라 법 집행에서는 공통적으로 결과반가치뿐만 아니라 행위반가치를 본다. 다시 말해 왜 그런 나쁜 결과, 법이 금지하는 결과가 나왔는지에 대한 비난 및 이에 대한 제재를 하지만, 단순히 결과가 나빴다고 해서 제재를 하는 것이 아니라 그와 같은 금지하는 결과가 왜 나왔는지에 대한 주관적인 요소들을 같이 보는 것이다. 그런데 이를 설명할 수 없다고 하면 법 집행을 어떻게 해야 할까?

금융 상품을 인공지능이 추천한 경우를 생각해 보자. 그런데 금융 상품을 권유하면서 필요한 것이 적합한 상품을 권유해야 한다는 것이고(적합성 원칙) 금융 소비자 내지 투자자에게 금융 투자 상품에 대한 설명을 해야 한다는 것이다(설명 의무). 이는 미국도 그렇고 우리나라의 '금융 소비자 보호법'에서도 그렇고 일본도 마찬가지로 요구하는 금융 회사의 의무다. 이를 통해서 부당한 금융 상품에 대한 투자를 방지하고 불완전한 판매(misselling)을 방지하고자 하는 것이다. 그런데 인공지능이 왜 특정인에게 특정한 상품을 권유한 것인지를 설명할 수 없다면, 책임을 어떻게 부과할지 하는 문제가 생기는 것이다. 이는 책임 귀속의 주체를 누구로 할 것인지의 문제와는 구별되는 문제다.

인공지능과 투명성

알고리즘은 투명성을 요구하고 소스 코드의 제시를 통해서 이를 확인할 수 있다. 그런데 인공지능은 이를 확인할 수 없다. FTC는 2021년 인공지능 기술의 편향성 완화를 위한 규정 로드 맵을 제시하며 기업에 이행을 촉구했다.

그리고 미국에서 2022년 발표한 '인공지능 권리 장전을 위한 청사진(Blue print for an AI Bill of Rights)'도 다섯 가지 원칙 가운데 '알고리즘을 이용한 차별 금지(Algorithmic Discrimination Protection)'를 포함하고 있다. 그런데 이런 편향성을 제거하는 문제에서도 마찬가지로 책임의 근거가 되는 판단의 근거를 보아야 한다.

미국 국립 표준 연구원(National Institute of Standard Technology)의 보고서도 참고가 된다. 이들은 인공지능의 투명성을 높이기 위한 기준을 제시하고자 노력하고 있다.

설명 가능한 인공지능

인공지능의 행위에 대해서 책임을 지도록 하려면 그 결과에 대한 설명을 할 수 있어야 하지 않을까?

이와 관련해 인공지능과 책임의 문제를 해결하기 위해서 논의하는 것이 '설명할 수 있는 인공지능(XAI, Explainable Artificial Intelligence)'이라든지 또는 '알고리즘의 투명성' 문제다. 이들 쟁점에 대해서는 거의 모든 가이드라인과 입법례가 공통적인 규제 방향으로 설정하고 있다.

종래의 전통적인 인공지능은 어떻게 특정한 의사 결정을 하는 것인지를 알 수 없다(소위 '블랙박스'로서의 인공지능). 이렇게 되면 인공지능의 결정에 대해서 책임을 부담시키기 어렵게 된다. 더해서 책임의 주체로서 배경에 있는 인간에 대해서도 책임에 대한 판단을 하기 어렵다. 그래서 등장한 개념이 설명할 수 있는 인공지능이다. 즉, 인공지능이 왜 그런 판단이나 행동을 했는지에 대해서 설명할 수 있도록 인공지능을 설계하는 것이다.

2021년 미국 회계 감사원(GAO)은 책임 있는 인공지능 사용을 보장하는 보고서를 발표했다. 이 보고서에서 회계 감사원은 정부 프로그램과 프로세스에서 인공지능의 책임 있고 설명 가능한 사용을 보장하기 위해 인공지능의 책임성에 대한 프레임워크를 제시했다. 이 프레임워크는 다음 네 가지 상호 보완적인 원칙을 중심으로 구성되어 있다. 그 네 가지는 거버넌스, 데이터, 성과, 모니터링이다. 이들 각 원칙에 대해, 프레임워크는 AI 시스템을 고려, 선택 및 구현하는 연방 기관 및 기타 기관을 위한 주요 실천 사항을 제시한다. 명확한 목표 설정 및 다양한 이해관계자와의 소통, 데이터 품질과 신뢰성 보장, 정의된 지표에 대한 성과 평가, 지속적인 모니터링 및 검토 절차 구현이 그것이다.

이 프레임워크는 기관, 감사관, 제삼자 평가자들이 고려해야 할 질문들을 제공하며, 감사 절차와 수집해야 할 증거 유형을 제시한다. 인공지능 시스템의 설계, 개발, 배포 및 지속적인 모니터링을 포함한 전체 수명 주기를 다루도록 한다. 이 프레임워크의 주요 특징은 진화하는 기술에 적응할 수 있는 유연성, 비전문가도 AI 시스템에 대해 올바른 질문을 할 수 있도록 지원, 정부가 배포한 AI 시스템의 안전성, 공정성, 효과성을 평가하기 위한 기준 수립을 목표로 한다.

한편 미국 국립 표준 기술 연구원은 대통령 행정 명령(Executive Order 13950)에 따라 악의적인 사이버 공격의 취약성을 최소화하고 인공지능 시스템에 혁신, 공공 및 대중의 신뢰 향상을 위한 계획을 수립했다. 2021년 보고서에서 NIST는 인공지능 기술에 사용자의 신뢰를 측정 · 강화하고 편향을 식별 · 관리하는 방안을 제시했다. 인공지능은 과거 검색 엔진이 단순히 검색을 해서 그 결과를 제공하는 것에서 나아가 학습 결과와 검색 결과를 바탕으로 해서 결과물을 제공한다. 그런데 이 과정에서 편향이 발생할 수 있다. 이 편향의 유형과 인공지능 기술 및 시스템에서 발견될 수 있는 편향에 대해 분석하고 이에 대한 대응이 가능해야 신뢰할 수 있는 인공지능을 만들 수 있고, 이런 위험 기반 프레임워크를 위한 일치된 표준을 제시할 수 있다.

이런 원칙에 따른 설명할 수 있는 인공지능의 4요소는 다음과 같다. 1요소는 설명력이다. 인공지능 시스템은 모든 출력에 대한 증거나 이유를 제공해야 한다. 이 원칙은 시스템이 결정과 프로세스에 대한 동반 증거나 근거 제공을 요구한다. 2요소는 '사용자의 이해 가능성'이다. 인공지능 시스템이 제공하는 설명은 개별 사용자가 이해할 수 있어야 한다. 이는 시스템이 의도한 소비자에게 이해할 수 있는 설명을 제공해야 하며, 비전문가를 혼란스럽게 할 수 있는 기술적 전문 용어를 피해야 함을 의미한다.

3요소는 설명의 정확성이다. 인공지능이 제공하는 설명은 출력을 생성하는 시스템의 프로세스를 정확히 반영해야 한다. 이 원칙은 제공된 설명이 AI의 의사 결정 과정을 정확하게 나타내도록 보장한다. 4요소는 시스템은 설계된 조건에서만 작동하거나 출력에 대해 충분한 신뢰도에 도달했을 때만 작동해야 한다는 것이다. 이는 인공지능 시스템이 자신의 한계와 불확실성을 인식하는 것의 중요성을 강조하는 요소다.

참고문헌

김미경(2025.2.18). 최승재 인터뷰, [오늘의 DT인] "AI 기술 빠르게 발전... 언론이 관점을 가지고 방향성 제시해야", 디지털타임스.

Artificial Intelligence: An Accountability Framework for Federal Agencies and Other Entities(GAO-21-519SP)

NIST, A Proposal for Identifying and Managing Bias in Artificial Intelligence(2021)

P. Jonathon Phillips, et. al.(2020). Four principles of explainable artificial intelligence. NISTIR 8312. https://doi.org/10.6028/NIST.IR.8312.

09
인공지능을 통한 경쟁법 위반과 책임

인공지능 기술은 인간의 의사 결정을 전제로 하는 경쟁법 체제에 중대한 화두를 던지고 있다. 왜냐하면 인공지능이 의사 결정에 대해서 단순한 검색 정보를 제공하거나 자료를 제공하는 수준을 넘어서 의사 결정을 대신하는 것이 가능해지고 있기 때문이다. 이는 제조물 책임 문제에서 자율 주행 차에 의한 사고가 발생하는 경우와 마찬가지로 인공지능을 통한 자율 의사 결정에 의한 경쟁 제한 행위에 대한 규율의 문제를 발생시키는 것과 같다.

AI와 화장품?

인공지능에 대한 경쟁법의 태도

인공지능이라는 말[馬]을 인류를 위해서 움직이도록 하려면

인공지능 개발에서 공정거래법과 관련해 책임성이 의미가 있다. '아실로마 인공지능 원칙'은 오작동이나 해킹 피해 없는 인공지능 개발, 인공지능과 인간이 공존하면서 위험을 통제하는 법과 제도 개선, 인공지능이 가질 가치관과 법적 · 윤리적 가치 개발 등이 원칙으로 논의되고 있다.

그런데 윤리에 대한 논의를 넘어서는 법적인 규율의 필요성에 대해서 검토할 필요가 있다. 연구자들 간의 자율 규제에 의한 제어도 중요하지만 경쟁법은 관련 산업에서의 불공정 거래 행위 및 인공지능 기술을 이용한 경쟁 제한 행위들을 규율해야 하기 때문이다. 전자의 경우에는 인공지능 산업이라고 해서 공정거래법을 포함한 경쟁법을 새로 제정하거나 개정해야 할 필요성이 있을지는 의문이 있다. 그러나 인공지능 기술을 이용한 새로운 유형의 경쟁 제한 행위들의 규율 방향에 대해서는 검토할 필요성이 상대적으로 크다고 본다.

인공지능과 경쟁법 위반 책임

현행 경쟁법이 규율하는 체계는 행위에 대한 행위자 책

임이다. 행위자에게 책임을 부담시키려면 그 행위를 분석하고 의도와 효과를 볼 수 있어야 한다. 그런데 문제는 알고리즘과 달리 인공지능은 블랙박스다. 알고리즘은 소스 코드를 포함한 코드를 보면 작성한 프로그래머의 의도를 확인할 수 있다. 그런데 인공지능은 어떻게 이를 확인할 것인가의 문제가 있다.

2019년 백악관은 대통령 행정 명령(The White House, 2019)을 통해 인공지능, 기계 학습, 딥러닝의 개발 및 규제를 촉진하고 연방 기관이 인공지능 투자의 우선순위를 지정해 미국의 글로벌 위치를 강화하기 위해 '미국 인공지능 이니셔티브'를 출범시켰다. 2020년에도 행정 명령(The White House, 2020)으로 개인 정보 보호와 시민권 등을 보호하기 위해 연방 기관의 인공지능 채택 지침을 제공했다.

또한 2021년 The EU-US Trade and Technology Council(TTC) 공동 성명을 통해 혁신적이고 신뢰 가능하며 보편적 인권과 민주적 가치를 존중하는 인공지능 시스템 개발 협력을 약속했다.

FTC는 2020년 4월 '인공지능 및 알고리즘 사용'의 관리 방향을 배포했다. FTC는 기업이 인공지능을 사용하는 과정에서 소비자에게 발생할 수 있는 위험을 어떻게 관리할 것인지에 대한 방향을 제시하고, AI 사용에서 ① 투명성, ② 설명 가능성, ③ 결과의 공정성, ④ 데이터와 모델의 견고성 및 실증적 타당성, ⑤ 법령 준수, 윤리, 공정성 및 비차별성에 대한 책임 견지를 요청하고 있다. FTC는 소비자에게 자신에 대한 결정을 내리는 데 사용된 정보에 접근하고 이를 수정할 수 있는 기회를 제공하도록 했다. 이를 위해서 구직, 신용 확보, 보험 가입, 아파트 임대 가능 여부 등 소비자에 대한 결정을 내리는 데 사용되는 데이터를 규제한다. 그리고 소비자는 자신에 관한 파일에 있는 정보를 얻고 해당 정보가 부정확하다고 생각하는 경우 해당 정보에 대해 이의를 제기할 권리가 있다. 더욱이, 해당 정보가 소비자의 이익에 반하는 결정을 내리는 데 사용되는 경우 소비자에게 불리한 조치 통지를 제공해야 한다. 해당 통지에는 결정을 내리는 데 사용된 정보의 출처가 포함되어야 하며 소비자에게 접근 및 분쟁 권리를 알려야 한다. 소비자에 대한 중요한 결정을 내리기 위해 다른 사람으로부터 얻은 데이터 또는 심지어 소비자로부터 직접 얻은 데이터를 사용하는 경우, 해당 정보의 사본을 소비자에게 제공하고 소비자가 해당 정보의 정확성에 대해 이의를 제기할 수 있도록 허용하는 것을 고려해야 한다고 정하고 있다.

FTC는 2021 성명서(The FTC's "Operation AI Comply" initiative)를 통해 인공지능 기술의 편향성 완화를 위한 규정 로드 맵을 제시하며 기업에 이행을 촉구했다. 그 내용을 보면, 첫째, FTC는 인공지능 제품 및 서비스에 대해 오해의 소지가 있는 진술을 하는 기업들에 대해 조치를 취하고 있다. 허위 과장 광고는 우리나라의 경우에도 표시 광고법에 의한 규제가 가능하다고 보인다. 둘째, 소비자 보호에 대해서 지적하고 있다. FTC는 기업들이 인공지능을 기반으로 과도한 성능이 있는 것처럼 광고를 하거나 불공정하고 기만적인 관행을 조장하기 위해 인공지능을 사용하는 경우에 인공지능 관련 경쟁법을 집행하겠다고 하고 있다. 리나 칸 위원장은 미국 경쟁법은 인공지능을 사용한다고 해서 이에 대한 특별한 면제가 주어지는 것은 아니라고 하면서, 다음과 같은 점들을 강조했다.

AI 가격 책정 관행 조사: FTC는 기업들이 소비자 행동과 개인 데이터를 기반으로 한 "감시 가격 책정"에 AI를 어떻게 사용하는지 조사하고 있다.

투명성 증진: 기업들은 AI 사용에 대해 명확히 밝히고, AI 주도 수익성에 대한 주장을 뒷받침할 구체적인 데이터를 가지고 있다.

잠재적 해악 해결: FTC는 AI 도구가 사기, 기만, 불공정한 조작 또는 기타 해로운 목적으로 사용되고 있는지 조사하고 있다.

이러한 조치를 통해 FTC는 AI가 시장에서 책임감 있고 윤리적으로 사용되도록 보장해 소비자를 보호하고 공정한 경쟁을 촉진하는 것을 목표로 하고 있다.

백악관이 2022년 발표한 '인공지능 권리 장전을 위한 청사진'도 다섯 가지 원칙 중 '알고리즘을 이용한 차별 금지'가 포함되어 있다. 인공지능 사용 시 발생 가능한 위험의 관리 방안에 대한 논의가 있었다. 그러나 현실적으로 설명할 수 있는 인공지능은 쉽지 않다. 블랙박스로서 인공지능 기술의 특성을 감안하면 비지도 학습을 통해서 학습용 데이터를 학습하고 결과물을 내는 신경망 인공지능에서 기술적인 우위성을 유지하면서도 그 결과물을 내놓는 과정이 투명하게 드러나도록 하는 이런 결과물을 단기간에 내놓는 것은 쉽지 않아서 이런 '설명 가능한 인공지능'의 등장은 시간이 걸릴 것으로 보인다. 이와 같은 요구는 보건 의료 데이터의 경우에는 기술 중립성 외에 병원 간의 상호 운용성의 확보 문제와 알고리즘 투명성의 문제를 더해서 논의하게 된다(Federal Register, 2023). 결국 경쟁법 집행도 이런 기술적인 방향성을 염두에 두고 이루어져야 한다고 본다.

참고문헌

홍석한(2023). 미국 2022 알고리즘 책임법안에 대한 고찰. ≪미국헌법연구≫, 34(1).

Andrew Smith(2020). Using artificial intelligence and algorithms. Federal Trade Commission. https://www.ftc.gov/business-guidance/blog/2020/04/using-artificial-intelligence-algorithms

Federal Trade Commission(2024). FTC announces crackdown on deceptive AI claims and schemes. https://www.ftc.gov/news-events/news/press-releases/2024/09/ftc-announces-crackdown-deceptive-ai-claims-schemes

The Executive Office of the President(2020.12.8). Promoting the use of trustworthy artificial intelligence in the Federal Government. Federal Register. https://www.federalregister.gov/documents/2020/12/08/2020-27065/promoting-the-use-of-trustworthy-artificial-intelligence-in-the-federal-government

The Health and Human Services Department(2023.4.18). Health data, technology, and interoperability: Certification program updates, algorithm transparency, and information sharing. Federal Register. https://www.federalregister.gov/documents/2023/04/18/2023-07229/health-data-technology-and-interoperability-certification-program-updates-algorithm-transparency-and

The White House(2019). Executive order on maintaining American, leadership in artificial intelligence 13859.
The White House(2020). Executive order on promoting the use of trustworthy artificial intelligence in the Federal Government 13960.
The White House(2022). Blueprint for an AI Bill of Rights. https://bidenwhitehouse.archives.gov/ostp/ai-bill-of-rights

10
오픈웨이트 AI 모델의 혁신과 경쟁법, 그리고 기술 중립성

인공지능을 규율하기 위해서 경쟁법 집행이나 해석에 고려해야 할 점들을 살펴볼 필요가 있다. 기술 혁신을 통한 신규 사업자의 등장으로 시장 진입에 도움이 될 모델로 오픈웨이트 모델과 같은 개발 모델의 사용을 고려할 필요가 있다. 한편 입법의 시각에서 가장 중요한 것은 기술 중립성을 확보하는 것이다. 인공지능의 역사를 통해서 보면 인공지능 기술은 부침을 거치면서 발전해 왔다. 이런 점을 고려해 기술 중립적인 입법을 할 필요가 있다.

종교와 AI?

오픈웨이트(open-weight) 모델

오픈 소스와 오픈웨이트

AI 모델의 가중치를 공개하는 오픈웨이트 모델은 오픈 소스 소프트웨어(Open Source Software)의 전통을 이어받아 혁신과 경쟁 촉진에 기여하고 소비자 선택 증가, 프라이버시 및 보안 향상 등의 이점이 존재한다. 이와 같은 오픈웨이트 모델에는 악의적인 사용, 라이선스 제한 및 추후 사용 제한 등의 리스크도 존재한다.

오픈웨이트 모델은 모델의 웨이트에 대한 접근을 제공하지만, 반드시 소스 코드나 훈련 과정에 대한 세부 정보를 포함하지는 않는다는 점에서 오픈 소스와 구별된다. 오픈 소스를 사용해 소프트웨어를 개발하는 경우, 아키텍처와 훈련 방법론을 포함해 완전한 투명성을 제공하는 반면 오픈웨이트의 경우에는 파라미터별 가중치만 제공한다는 점에서 구별된다. 오픈웨이트의 경우에도 제한된 웨이트만을 제공하는 것도 가능하다. 제한된 웨이트는 일반적으로 기밀로 유지되며 API(Application Program Interface) 또는 사용을 제한하는 라이선스를 통해 접근된다.

어떤 방식이건 오픈웨이트 모델은 연구 및 개발 목적을 위해 더 넓은 접근성과 유연성이 생긴다는 점에서 인공지능과 관련한 시장에서의 경쟁 도모에 기여할 수 있다. 이러한 오픈웨이트 AI 모델이 혁신과 경쟁에 미치는 영향을 고찰해 본다.

오픈웨이트 모델

오픈웨이트 모델은 인공지능의 역사에 서 대형 언어 모델(LLM, large language model)에 대한 이해를 전제로 보아야 한다. 오픈웨이트 모델은 매개 변수, 즉 가중치(weight)가 공개적으로 접근 가능한 대형 언어 모델을 의미한다. 이를 통해 사용자는 모델을 활용하고 수정하며 다양한 응용 프로그램을 위해 조정할 수 있다. 그리고 이와 같은 조정은 일반적으로 독점 모델과 관련한 제한 없이 이루어진다.

오픈웨이트 모델의 주요 특징을 보면 첫째, 공개 접근성을 들 수 있다. 오픈웨이트 모델의 경우, 모델의 웨이트가 다운로드해 사용할 수 있도록 제공된다. 이는 개발자가 처음부터 시작하지 않고 기존 모델을 기반으로 구축할 수 있도록 해서 AI 커뮤니티 내 협업과 혁신을 촉진한다. 둘째, 투명성이 있다. 오픈웨이트 모델은 인공지능 개발의 투명성을 증진한다. 사용자는 웨이트를 검토함으로써 모델의 능력과 한계를 이해할 수 있다. 웨이트는 훈련 데이터에서 학습한 패턴을 나타낸다. 셋째, 커스터마이징에서 특징을 찾을 수 있다. 조직은 특정 데이터 세트에 대해 오픈웨이트 모델을 미세 조정해 고유한 비즈니스 요구를 충족하는 맞춤형 응용 프로그램을 만들 수 있다. 이는 데이터 프라이버시가 중요한 의료 및 금융 분야에서 특히 유용하다. 넷째, 비용 면에서 효율적이다. 소프트웨어 개발에서 오픈 소스를 사용할 때의 장점과 같은 장점이 존재한다. 오픈웨이트 모델을 사용함으로써 기업은 독점 모델과 관련한 라이선스 비용을 피할 수 있다. 이는 고급 인공지능을 소규모 조직이나 스타트업과 같은 작은 기업에 더 접근 가능하게 만든다.

오픈웨이트 모델을 통한 인공지능 개발의 경쟁법적 의미

오픈웨이트 모델의 가용성은 연구자들이 큰 모델을 처음부터 훈련하는 데 드는 상당한 초기 투자 없이 새로운 응용 프로그램을 탐색할 수 있도록 하는 장점이 있다. 인공지능의 개발, 실험에 소요되는 시간과 비용을 줄임으로써 인공지능 관련 기술 혁신에 기여할 수 있다. 또 오픈웨이트는 연구에서 재현성을 촉진해 다른 과학자들이 결과를 검증하고 이전 작업에 기반해 효과적으로 발전

할 수 있다는 점에서도 주목받는다. 인공지능은 이제 실험실에서도 활발하게 사용되고 있다. 예를 들어 선택 발명을 하는 경우 후보 물질들을 제시하고 이 후보 물질 중에서 특정한 약리 특성을 가질 수 있는 물질을 찾아내는 것은 연구자가 연구 대상만 특정하면 무인 실험실에서 수행할 수 있다. 이런 경우 웨이트가 공개되어 있으면 다른 연구자들이 이를 재현하는 것이 용이해진다.

다른 한편, 바로 이런 가중치의 경우는 관련 커뮤니티에서의 협업을 용이하게 한다. 이러한 모델의 개방적인 특성은 사용자 간의 개선 사항 공유를 촉진해 인공지능 개발에 대한 집단 지식을 향상할 수 있다.

다만 이런 장점을 실현하기 위해서는 과거 저작권 영역의 카피레프트 운동(copyleft movement)에서 발견된 것처럼 특정한 연구자나 특정한 그룹이 계속 무임승차를 하는 상황이 발생하게 되어서는 지속 가능성을 가지기 어렵다.

오픈웨이트 모델의 한계

경쟁법의 시각에서는 이런 오픈웨이트 방식의 인공지능에 대한 연구 개발이 가지는 경쟁 촉진적 성격에 주목하게 되지만 오픈웨이트 모델은 경쟁 촉진적 측면 외의 다른 면에서 한계도 있다.

이 모델은 특정 작업에 대한 성능 최적화를 위해 웨이트를 조정하는 것은 복잡하고 시간이 많이 걸릴 수 있다. 그리고 이 과정에서 오류가 발생하면, 성능 저하를 초래할 수 있다. 그런데 이런 것들보다 더 큰 문제는 지식 재산권 관계 문제다.

오픈 소스의 경우에도 많은 소프트웨어 개발자들이 아무런 허락 없이 사용할 수 있는 것처럼 오해하지만, CCL(Creative Commons License) 라이선스나 버클리 라이선스와 같은 라이선스 모델이 제시되었던 것처럼 저작권을 포함한 지식 재산권에 대한 문제를 정리할 필요가 있다.

오픈웨이트 모델은 법적으로 상업적 응용 프로그램과 관련해 저작권 및 사용 권리에 관한 제한 문제가 발생할 수 있다.

인공지능에 대한 경쟁법에 의한 규율 방향과 기술 중립성

미국은 정책 도입과 관련해 인공지능 규제에 대해 유보적이고 미온적인 자세를 취하고 있으며 포괄적인 제재로만 접근하고 있다. 입법과 관련해 인공지능 기술을 규제하기 위해 직접적으로 적용되는 연방 법률은 없다. 미국의 기존 법적 프레임워크 내에서 인공지능 규제를 다루려는 경향이 있다. 예를 들어 군사 분야의 경우, 국가 안보와 군사 차원에서 적극적인 인공지능 기술 개발과 함께 포괄적 형식의 규제 정책 도입이 이루어졌다. 현재까지 미국의 경우, 특정 인공지능 사용의 제한이나 금지는 연방 차원에서 입법으로 제정되지 않았다.

경쟁법이 알고리즘이나 인공지능의 경쟁법적 규율에 대한 입법을 한다면 그 입법은 기술 중립적(technology neutral)으로 이루어져야 한다. 인공지능의 역사를 보면 그 기술적인 발전 방향은 지속적으로 달라지고 있다. 이런 점을 고려하면 기술 특정적(technology specific)으로 입법할 경우 인공지능 기술 발전을 저해할 우려가 있다. 이는 현행법을 집행하는 경우이건, 입법을 하는 경우이건 마찬가지로 고려해야 하는 대원칙이다.

인공지능 담합에 대한 입법과 책임 주체의 획정

유럽 연합은 2022년 11월 16일 발효한 「디지털 서비스법(Digital Services Act, DSA)」을 통해 강화되고 전문성 있는 알고리즘 시스템 규제를 위한 근거를 마련했다. 특히 DSA에는 온라인 플랫폼의 알고리즘 투명성 및 책임에 대한 광범위한 규칙과 대규모 플랫폼의 중요한 데이터 액세스 의무가 포함되어 있다.

새로운 DSA 규칙의 시행을 지원하기 위해 유럽 알고리즘 투명성 센터(European Center for Algorithmic Transparency)가 설립되었다. EU에서 2022년 발표한 제조물 책임에 대한 지침(directive)에도 '인공지능 알고리즘을 개발한 회사와 완제품을 제조한 회사가 다르다면, 인공지능 알고리즘에 결함이 있는 경우 두 회사가 부진정 연대 채무를 진다'는 내용이 포함되어 있다. 참고로 유럽 연합 지침(Directive)은 유럽 의회를 통과하면 바로 회원국의 법과 같은 효력을 가지는 규정(Regulation)과 달리 회원국을 직접 규율하지 못하고 회원국이 각국에서 내국 입법을 해야 회원국 국민을 규율한다.

인공지능 담합에 대한 규율을 한다면 책임 주체를 어떻게 정할 것인지의 문제가 있는데, 인공지능 자체가 책임 부담의 주체가 될 수는 없으므로 제조사와 사용사 중 어느 쪽에서 책임을 부담할 것인지를 정할 필요가 있다. 만일 경쟁법의 문제가 되면 인공지능을 사용해 담합을 한 사용자가 사업자로서 경쟁법 위반의 책임을 부담하게 되는 것인지, 인공지능을 개발한 회사가 책임을 단독으로 또는 같이 부담해야 할 것인지의 문제가 있다.

이 과정에서 '트랜스포머(transformer)'와 같은 '기반 모델(foundation model)'을 사용하는 대규모 언어 모델이나, 딥러닝 기술과 같은 특정한 모델이나 기술을 염두를 두지 않고 인공지능 기술이 어떤 방향으로 발전하더라도 규제로 인해서 편향성을 가지지 않도록 중립적으로 입법할 필요가 있다.

그리고 국제적으로 다른 나라들의 동향을 살펴서 우리나라만의 갈라파고스 규제가 되지 않도록 해야 한다는 점도 염두에 두어야 한다고 본다.

참고문헌

AI, Regulation & Tech neutrality, *Algorithmic Accountability Act of 2022*, 117 S. 3572.

Deutscher Bundestag(2022). Entwurf eines gesetzes zur druchführung der verordnung(EU) 2022/2065 des Europäischen parlaments und des rates vom 19. Oktober 2022 über einen binnenmarkt für digitale dienste und zur änderung der richtlinie 2000/31/EG sowie zur druchführung der verordnung(EU) 2019/1150 des Europäischen parlaments und des rates vom 20. Juni 2019 zur fördrung von fairness und trnsparenz für gewerbliche nutzer vom online-vermittlungsdiensten und zur änderung weitere gesetze.

Proposal for a regulation of the European parliament and of the council laying down harmonised rules on artificial ontelligence(Artificial intelligence act).

Verordnung(EU) 2022/2065 des Europäischen parlaments und des rates vom 19. Oktober 2022 über einen binnenmarkt für digitale dienste und zur änderun der richtilinie 2000/31/EG(Gesetz über digitale dienste).

최승재

현재 세종대학교 교수다. 서울대학교 학사 · 석사 · 박사 학위(법학)를 받았다. 미국 컬럼비아 법학대학원을 졸업했다. 사법연수원 29기로 중앙 행정 심판 위원회 · 언론 중재 위원회 위원, 대한 상사 중재원 중재인, 한국 보건 의료 정보원 이사, 국가 지식 재산 위원회 · 저작권 위원회 전문 위원, 금융 위원회 · 금융감독원 · 기획 재정부 위원회 위원, 국세청 법률 고문, AIPPI · 한국 특허법학회 · 한국 무역 구제학회 부회장, 대법원 재판 연구관, 김앤장 법률 사무소 변호사, 경북대 로스쿨 교수, 대한변협 연구원장, 미래에셋생명 사외 이사, 삼성 · Microsoft 변호사 등을 역임했다. 변호사, 변리사로서 마이크로소프트, 애플, 퀄컴 등의 소송을 담당했다. 『표준필수특허와 법』(2021), 『미국특허법』(2011), 『특허권남용의 경쟁법적 규율』(2010), 『음악저작권 침해』(2015), 『개인 정보』(2016) 등 14권의 단독 저서와 『상사중재법』(2018), 『신미국특허법』(2020, 2023), 『Intellectual Property Law in Korea』(2015) 등 40여 권의 공저를 출간했으며, 한국 학술 진흥 재단 등재(후보지 포함) 학술지에 100여 편의 논문을, ≪법률신문≫ 등에 다수의 소논문을 게재했다.